Für Valera, meinen Tätowierer,

dem ich für immer dankbar sein werde

und alle, die suchen

und hoffen, einen Weg zu finden

Tattoo - Laser – Cover Up

Wenn der Traum zum Albtraum wird

by

Antonia Katharina Tessnow

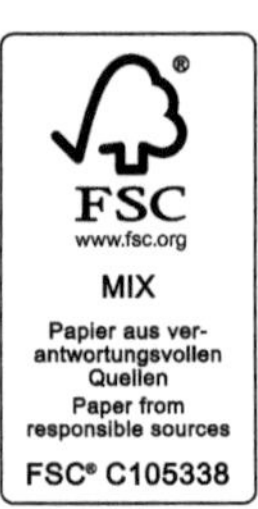

Bibliografische Information der Deutschen Nationalbibliothek:
Die Deutsche Nationalbibliothek verzeichnet diese Publikation in
der Deutschen Nationalbibliografie; detaillierte bibliografische
Daten sind im Internet über http://dnb.dnb.de abrufbar.

TWENTYSIX – Der Self-Publishing-Verlag

Eine Kooperation zwischen der Verlagsgruppe Random House
und BoD – Books on Demand

© 2018 Antonia Katharina Tessnow

Herstellung und Verlag:
BoD – Books on Demand, Norderstedt

ISBN: 9783740734336

Inhalt

Insight

*We are always given the very wounds
that we are eventually meant to
teach others to heal.*

Teal Swan

Ein Appell

Nach vielen gewollten und ungewollten Erfahrungen mit Inkern, misslungenen Tätowierungen, ungeplanten Lasersessions und erneuten Cover-Ups, die unumgänglich waren, möchte ich meine Erfahrungen nun hier in diesem Buch mit euch teilen. Ich hoffe, damit all jenen weiterhelfen zu können, die ähnliche Erfahrungen machen, und durch die tiefe Enttäuschung und die beinahe schon seelische Qual gehen, eine misslungene Tätowierung unter der Haut zu tragen und sich fragen, was sie tun sollen.

Eine Tätowierung ist für immer. Jedenfalls sollte sie das sein. ‚Immer' ist eine sehr lange Zeit. Vor allem, wenn man diese mit einem miserablen Tattoo verbringen soll. Noch schlimmer, wenn das miserable Tattoo an einer Stelle sitzt, die jeder sehen kann. Und selbst wenn es möglich ist, es zu ändern, zu lasern und/oder zu covern, der Weg dorthin ist lang!

Die Betroffenen können sich selten austauschen und sie finden in den meisten Fällen wenig Hilfe in der unmittelbaren Umgebung, da es wenige gibt, die solch einen folgenschweren Ausrutscher nachvollziehen und verstehen können. Ob es nun eine unglückliche Entscheidung war, ein Absprachefehler mit dem Tätowierer oder einfach nur eine schlechte Arbeit des entsprechenden Inkers, sei dahingestellt. Es macht das schreckliche Gefühl, das ebenso unwiderruflich ist wie das Tattoo selbst, nicht besser. Darum sei vorweg folgendes gesagt:

Lasst euch nicht entmutigen! Es kann Lösungen geben - vielleicht nicht ganz so, wie die Werbung der Laserstudios es euch glauben machen will, doch es kann sie geben – es muss sie allerdings nicht in jedem Fall geben! Doch lasst für's erste den Kopf nicht hängen! Meine Geschichte ist ein gutes Beispiel dafür, dass am Ende alles einen Sinn ergeben kann und das neu-gecoverte Tattoo möglicherweise viel schöner ist als alles, was vor der ersten Tätowierung - unbedacht und unerfahren - vorbereitet wurde.

Meine Geschichte soll jedoch auch eine Warnung sein und die dringende Bitte an euch, es besser zu machen als ich; gründlicher nachzudenken! Sorgsamer Motiv und Inker auszusuchen. Und bewusster mit der Entscheidung, sich tätowieren zu lassen, umzugehen.

Wie alles begann – das erste Tattoo

Tätowieren ist geil. Und eine gut gearbeitete Tätowierung an der gewünschten Stelle unter der Haut zu tragen, ist noch geiler. Dachte ich.

Nichts ahnend machte ich mich, nach einem relativ kurzen Telefonat, auf zum ersten Termin. Es sollte bei einer Dame sein, deren ethische Werte, mit der sie ihre Arbeit vertrat, sowie ihre vorangegangenen, im Internet veröffentlichten Arbeiten, mich durchaus beeindruckten.

Das Studio war klein. Vor mir ein anderes Mädel, das sichtlich erfahren war und nicht zum ersten Mal beim Tätowieren. Sie hatte den ganzen Arm von oben bis unten voller Motive und Farben. Staunend ließ ich mir ihre neuste Errungenschaft zeigen, als wir uns kurz vor der Tür trafen.

Die Tätowiererin bat mich wenig später herein. Sie dachte, ich wollte nur eine Beratung - und das, obwohl ich mich so auf meinen ersten Termin gefreut habe! Kaum geschlafen habe ich, und nun sollte ich erneut wochenlang warten, weil diese Frau mich vergessen hatte? Das war nicht, was ich erwartet habe! In meiner Verdutztheit einerseits und der impulsiven Vorfreude auf mein erstes Tattoo andererseits, ignorierte ich den Wink des Schicksals, das mich vor dem bewahren wollte, was dann folgte.

Sie entschuldigte sich bei mir, hatte doch meinen Termin falsch eingetragen. Kann ja mal passieren. Ich bat sie trotzdem, den Termin wie vereinbart wahrzunehmen und unserer eigentlichen Verabredung nachzukommen.

Gesagt, getan.

Kurzum entwarfen wir eine Vorlage – eine Ranke um den Oberarm sollte es werden. Nichts Großes, nichts Auffälliges, ein feines Ornament nur. Sie malte vor; so richtig vorstellen konnte ich es mir nicht, dennoch willigte ich ein, da *sie es ja schon wissen musste*, und ließ sie mit der Arbeit beginnen.

Es tat weh. Es tat so weh, dass ich mit schmerzverzerrtem Gesicht auf der Liege lag und die kurze Sitzung von gerade einmal einer Stunde kaum durchhielt. Nicht im Traum konnte ich mir vorstellen, wie andere Leute stundenlange Sitzungen ertragen konnten.

Das Ornament war gestochen. Sehr filigran. Nicht ganz harmonisch, aber schön. Ich war für's erste glücklich.

Soweit, so gut.

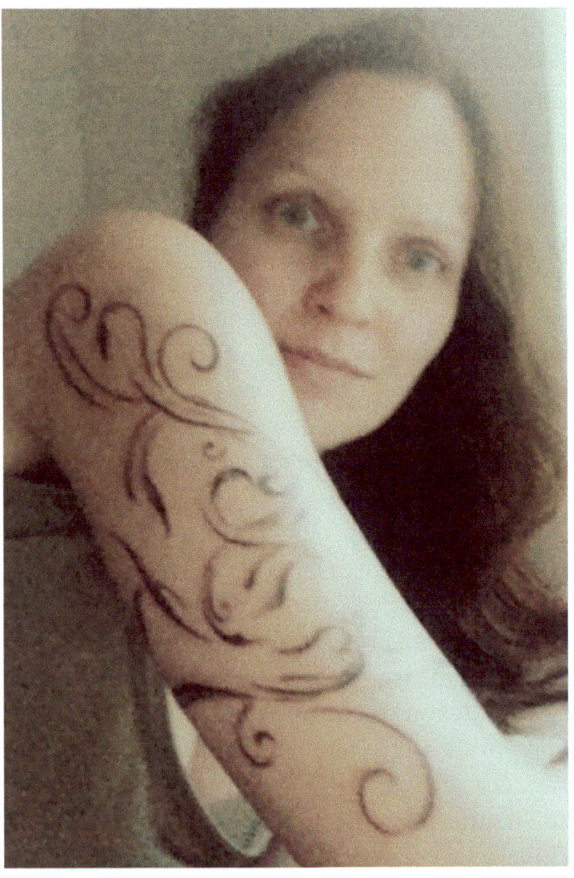

Immer wieder betrachtete ich das Tattoo, von hinten, von vorne, von der Seite. Ich war wirklich selig. Allein die Tatsache, tätowiert zu sein, versetzte mich in einen kleinen Mini-Glücksrausch. Dennoch kam es mir unfertig vor; wie ein erster Entwurf, der unbedingt erweitert werden musste. Somit begann ich schon nach kurzer Zeit damit, auf ausgedruckten Bildern meines Tattoos zu zeichnen, mir weitere Figuren auszudenken, das Ornament zu verfeinern, zu vervollständigen. Es sollte perfekt sein.

Mir gefiel, was ich entwarf und so machte ich einen weiteren Termin. Wieder bei derselben Tätowiererin. Sie runzelte die Stirn, als sie meinen Entwurf sah und meinte, ich solle vorsichtig sein; wenn man einmal mit dem Tätowieren angefangen hat, wird man leicht süchtig und will mehr. Doch sie folgte meiner Bitte; zwar nicht ganz so, wie ich es mir vorstellte, doch sie zeichnete und erweiterte ihre Vorlage auf meinem Arm.

Weiß sollten die leichten Figuren werden. So, dass man sie fast nicht sah.

‚Weiß kann man nicht tätowieren‘, erklärte sie mir.

Ach nein?

Eine leider eher
schlechte Aufnahme
eines Tattoos
weißer Blumen

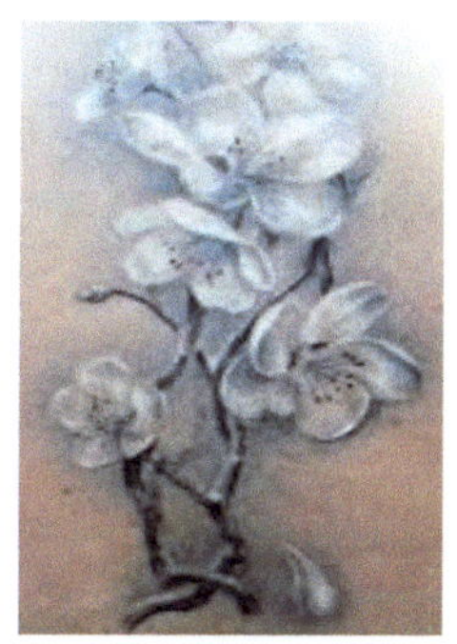

Mein erster kardinaler Fehler: Ich ließ mich breitschlagen und eines Besseren belehren, obwohl es nicht stimmen konnte, was diese Dame erzählte. Aber sie könne das Schwarz ein paar Nuancen heller wählen, sodass es nicht ganz so dunkel wird wie das Hauptmotiv.
Na dann!

Sie malte und malte und erweiterte das Motiv zusätzlich selbstständig um etliche Figuren, die sie zwischen die vorhandenen Linien streute. Dann war sie fertig und meinte, dass es nun gut wäre. Nur so wirke es - ihrer Meinung nach - harmonisch und vollständig. Die paar wenigen Ornamente, die ich mir ausgedacht hatte, reichten nicht, wenn ich doch unbedingt mehr wollte. Meinte sie.
Aha.
Sie hatte Erfahrung.
Sie wusste Bescheid.

Ohne weiter nachzudenken willigte ich erneut ein. Die nächste Session begann. Wieder enormer Schmerz und leichte Ernüchterung, als sie fertig war. Einige Linien waren zu dick und nicht wie abgesprochen. Sie trafen sich und wirkten dadurch vermalt und störten so das Gesamtbild.

Das hellere Schwarz war überhaupt nicht hell. Es war genauso dunkel wie alles andere auch. Dadurch wirkte das Bild viel zu voll und unruhig.
Ich ließ meinen Arm, genau wie beim ersten Mal, 'verarzten', mit einer Salbe versehen, mit

Frischhaltefolie einwickeln und einer Bandage fixieren. So fuhr ich ein zweites Mal heim.

Zu Hause sank meine anfängliche Begeisterung erneut. Das Gefühl der Ernüchterung machte sich langsam noch breiter, als es ohnehin schon war. Leise, noch kaum hörbar, flüsterten die ersten Selbstvorwürfe ihre Sätze in mein Ohr:

'Bist du dumm!'
'Wie konntest du nur!'
'Warum hast du es nicht dabei belassen?'
'Konntest du nicht einfach mal zufrieden sein?'

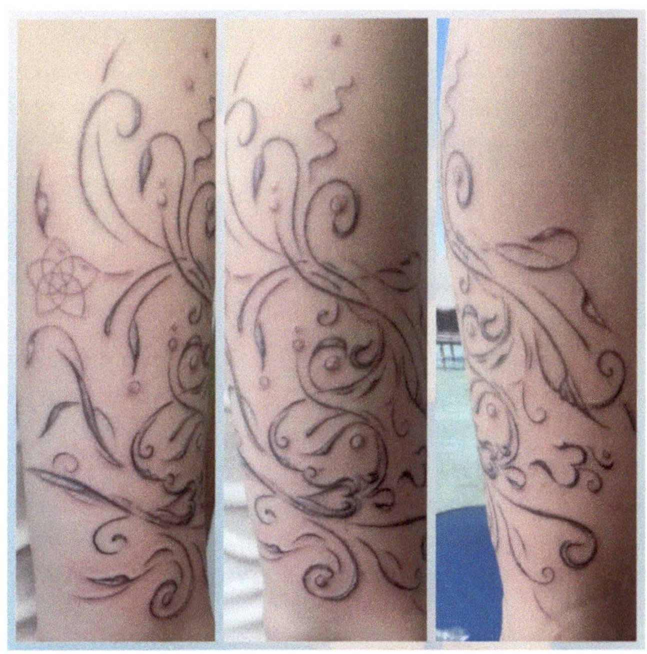

Was nun?

Wenn ich wieder – oder überhaupt einmal – zufrieden sein wollte, musste ein professioneller Tätowierer her. Einer, der richtig Ahnung hatte. Einer, der Sachen stach, die so gut, so professionell und so gekonnt waren, dass man sich blind in seine Hände begeben könnte.
Auf ein Studio in Hamburg fiel die Wahl. Hier arbeiteten mehrere Tätowierer, die meisten von ihnen, den auf der studioeigenen Seite online gestellten Arbeiten nach zu urteilen, sehr professionell.
Jedenfalls für mein Verständnis.

Ich besuchte das Studio, sprach mit mehreren Leuten, die alle sehr nett und verständnisvoll waren und schnell verstanden, worum es mir ging: Tiefe sollte in das Motiv. Plastisch sollte es wirken. *Noch* bestand es nur aus Linien und einer kleinen, vermasselten Stelle im unteren Bereich des Bildes. Das musste korrigiert werden. Jetzt sollte daraus etwas Ganzes werden. So konnte es nicht bleiben.
Mein Termin war Anfang Juli. Mittlerweile waren mehrere Monate vergangen. Tätowierer haben mitunter sehr lange Wartezeiten. 4 – 5 Monate muss ein Interessent da schon mal in Kauf nehmen.
Diesmal war es ein Mann. Dass er mir unsympathisch war, ignorierte ich; das hatte ja, meiner Meinung nach, mit der Tätowierung nichts zu tun.

Er zeichnete eine Vorlage auf meinen Arm, die tatsächlich sehr viel mehr Tinte bedeutete, als ich sie jetzt unter der Haut trug; doch die Vorlage gefiel mir. Seine Arbeiten gefielen mir. Er konnte ganz offensichtlich gut mit Farben umgehen, die dieses Mal das Motiv bereichern sollten. Dazu brachte ich ihm einige Vorlagen mit, die zwar nicht genau die Blüten, aber immerhin die Farben zeigten, die ich mir vorstellte.

‚Kein Problem‘, war seine wiederholte Antwort.

Er holte ein paar Farben hervor und füllte sie in kleinste Gefäße, in die er seine Nadel tauchte.

‚Ist das nicht zu dunkel?‘, fragte ich ihn, als ich ein schreiendes Magenta auf seinem Tischchen sah. ‚Das möchte ich aber so nicht. Es soll auf jeden Fall hell und leicht werden.‘

‚Das wird unter der Haut mit Weiß gemischt, das bleibt nicht so, keine Sorge. Das wird ganz hell.‘

Hier mein erster, dringender Rat an euch: Geht nicht davon aus, dass der Tätowierer weiß, was ihr denkt und euch vorstellt. Das weiß er bzw. sie mit Sicherheit nicht, wenn ihr es nicht ganz konkret und so detailliert wie möglich kommuniziert! Kommunikation ist hier der absolute Schlüssel zu einem zufriedenstellenden Ergebnis.

Bringt so viele Bilder mit, wie ihr finden könnt und die euren Vorstellungen nahekommen! Oder vielleicht sogar eine ganz konkrete Vorlage. Arbeitet mit und überlasst nicht alles allein und auf gut Glück eurem Gegenüber. Traut euch, eure Ideen und eure

Interessen zu vertreten! Und haltet nicht an der falschen Stelle den Mund und vertraut nicht vorschnell den falschen Menschen.

So wie ich.

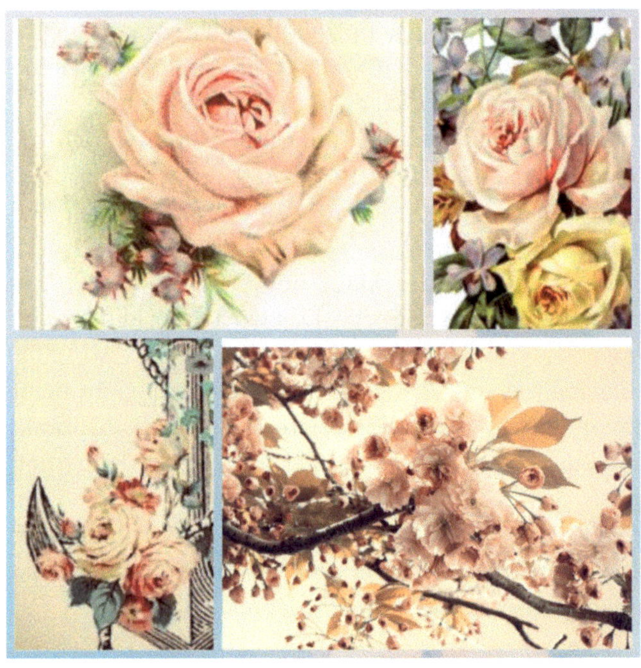

Vorlagen für die gewünschten Farben

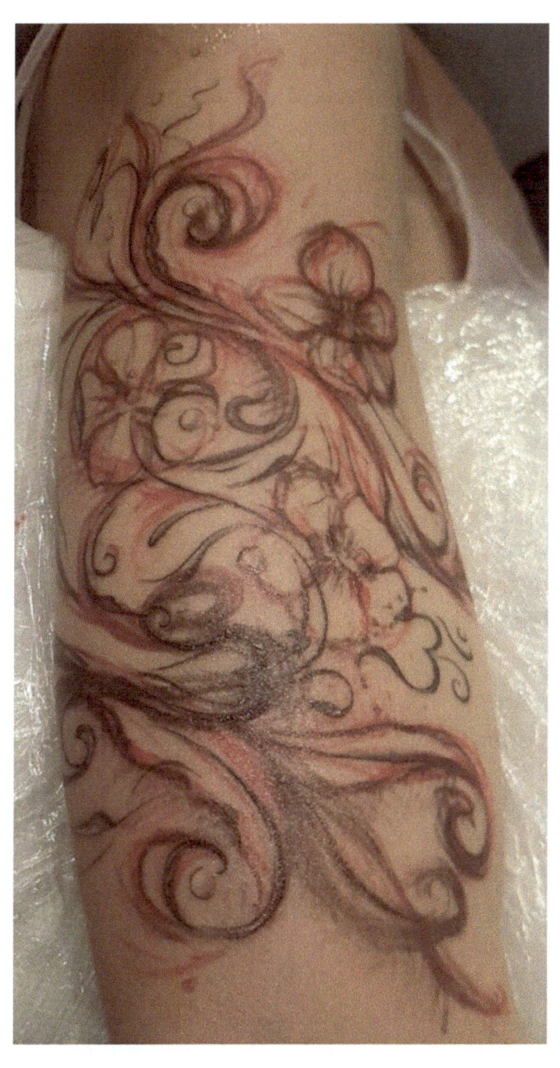

Die Vorlage, direkt auf meinen Arm gezeichnet

Na gut. So ist das also.

Wenn er diese Vorlage so ausarbeitete, wie er sie vorgemalt hatte, und die floralen Motive so gekonnt tätowierte, wie seine vorherigen Entwürfe es verhießen, dann würde es gut werden. Es würde super werden. Geradezu fantastisch!
So ließ ich ihn gewähren.
Es tat höllisch weh! Mehr noch, als bei den ersten beiden Sitzungen. Ich schloss meine Augen und ließ die Tortur über mich ergehen. Die Haut blutete, das spürte ich. Hinsehen konnte ich nicht. Mir wäre schwindelig geworden. Zumindest übel. Einige Male war ich kurz davor, die Sitzung abzubrechen. Aber was dann?

Die Spannung siegte.

Meine Blicke wanderten zwischendurch über all die vielen Bilder und Vorlagen, die er gezeichnet hatte und die in seinem Studio an der Wand hingen. Beeindruckende Details, Segelschiffe, Blumen, Rosen, in solch einer Perfektion, dass sie aussahen wie fotografiert. Einfach phänomenal!
Dann war er fertig. Und das Ergebnis war die größte Katastrophe, die ich je gesehen habe!

Lange und immer wieder hatte ich Tätowierungen gegoogled. Unzählige Bilder habe ich mir angeschaut. Lange und intensiv habe ich nach dem richtigen Studio gesucht. Und nun das!

Nichts von der Vorlage wurde umgesetzt. Nicht eine einzige Blüte wurde gestochen. Die Farben waren viel zu dunkel. Ich sah aus wie Mickey Mouse oder die Frau von der Telekom.

‚Ich fand, das passt nicht', war die lapidare Antwort des Tätowierers auf mein Entsetzen.

‚Du fandest, das passt nicht? Und hast eigenmächtig einfach *irgendetwas* auf meinen Arm tätowiert?'

Er grinste mich an und begann, mich zu begrabschen; er fasste mir zu allem Überfluss zum Abschied an die Brust. Diese Geste wirkte gekonnt, fast wie nebenbei, routinemäßig. Seine Kundinnen begrabschen stand ganz offensichtlich nicht zum ersten Mal auf dem gängigen Ablaufplan dieses – Ekels.

Augenblicklich wurde mein Entsetzen nun noch von diesem Ekelgefühl beschwert. Der Ekel davor, von diesem ganz offensichtlich frauenverachtenden Widerling überhaupt angeguckt zu werden. Und von diesem Menschen habe ich mich tätowieren lassen! Diese Tätowierung trage ich nun unter der Haut? Für immer? Unwiderruflich?

Meine Abscheu wuchs sekündlich.

Ich fragte mich innerlich, wie ich zu diesem Mann habe gehen können, um mich für's Leben zeichnen zu lassen. Jetzt baute er sich vor mir auf. Er war relativ groß, fleischig, mit einem Hang zur Fettleibigkeit, glatzköpfig, und strahlte etwas Böses aus. Das sah ich jetzt - jetzt, wo er immer noch mit diesem herabschätzenden Grinsen im Gesicht da stand, seinem verachtenden Blick ausgesetzt und ich das anfänglich ungute Gefühl nicht mehr ignorieren konnte. Dieser Blick verhieß all die Niveaulosigkeit, Geringschätzung Frauen gegenüber und den Hang zu sexistischen Abartigkeiten, die das Klischee stilloser Tätowierer vollends erfüllten.

Ich war sprachlos! Ich war so sprachlos, dass ich still zahlend den Laden verließ und Heim fuhr. Schon in der Bahn löste ich den Verband und nahm die Folie ab. Immer wieder guckte ich meinen Arm an und konnte nicht fassen, was passiert war!

Die Ernüchterung nach der letzten Sitzung wich nun einer bodenlosen Enttäuschung.

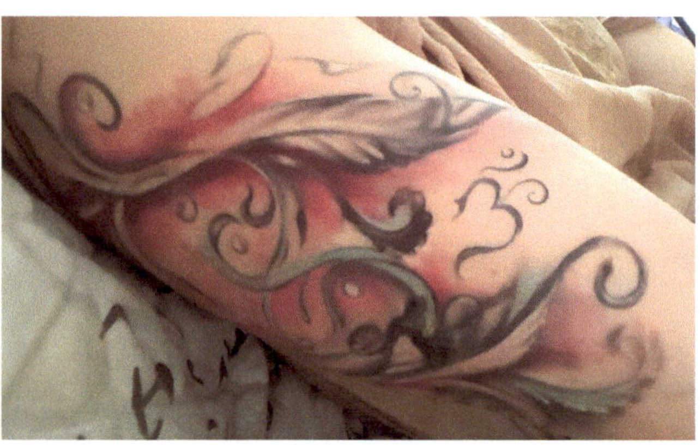

Ein viel zu dunkel gestochenes Tattoo, das ganz offensichtlich von der Vorlage abweicht. Im unteren Bereich zeigen sich dicke, schwarze Gebilde, die das Gesamtbild nach unten ziehen, und den Blick des Betrachters auf sich lenken. Es ist kein Konzept zu erkennen. Das Tattoo bildet kein harmonisches Ganzes. Es ist lediglich ein Wirrwarr aus willkürlich gestochenem Schwarz und viel zu dunklem Pink, gemischt mit einem nicht dazu passendem Türkis. Alles in allem eine hochgradig unprofessionelle Arbeit, die weder auf den Kunden-Wunsch noch auf den entsprechenden Kunden-Typus abgestimmt wurde.

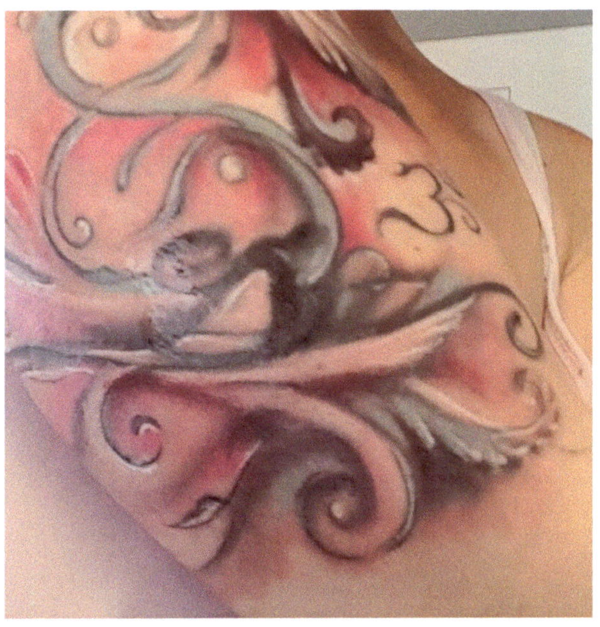

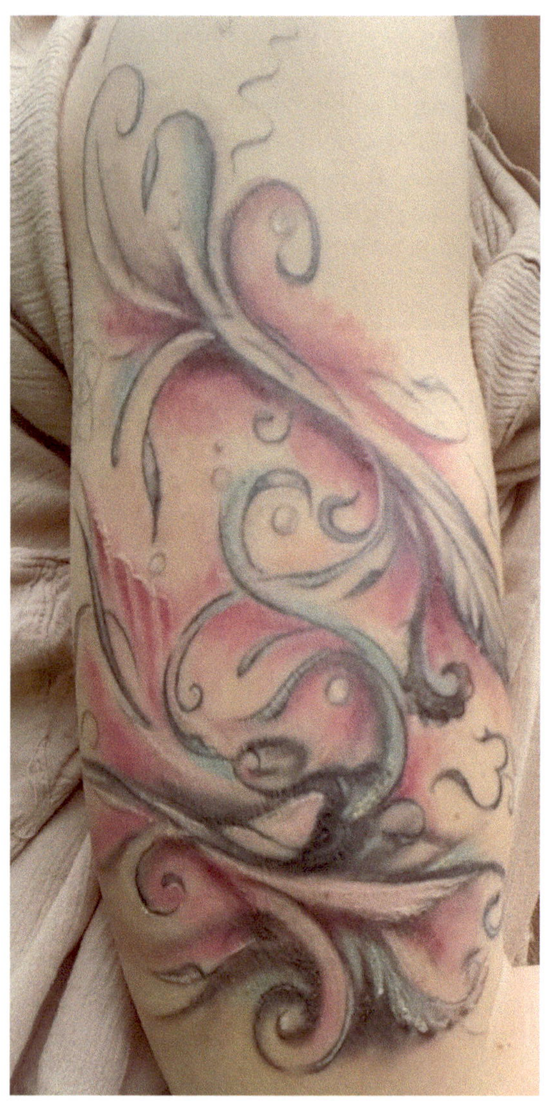

Der große Reinfall

Das ganze Bild strahlte viel aus, aber keine Harmonie. Es war dunkel und nicht hell und leicht, wie besprochen. Die Blüten wurden gar nicht gestochen, dafür aber eine schrecklich, klobige Feder, die ich nie haben wollte. Das ganze Gebilde war extrem schwarzlastig, wirkte schwer und keiner wusste, was es ausstrahlen und in dem Betrachter wecken sollte. Geschweige denn in mir.
Die Selbstvorwürfe in den ersten Tagen zermarterten mich, genau wie die Schmerzen. Zu allem Überfluss entzündete sich das Tattoo, anstatt zu heilen. Wohl, weil ich mich innerlich so sehr dagegen wehrte. Weder wollte mein Körper dieses Gebilde, noch meine Seele die Verbindung zu diesem Menschen.
Ich war wütend, traurig, unendlich frustriert. Und ich schämte mich. Ich schämte mich, so dumm, so unbedacht, so blöd gewesen zu sein.

So konnte ich unmöglich auf die Straße gehen! Unmöglich ins Büro fahren! Und auf gar keinen Fall Kunden empfangen! Damit machte ich mich zum Gespött der Leute. Zu Recht!

Was jetzt? Was sollte ich jetzt tun? Ich gab mir die Blöße und kontaktierte meine erste Tätowiererin. Sie meinte, hier hilft nur lasern. Sonst wird es nur *noch* größer und immer dunkler. Genau das, was ich nie wollte!

Wie viele Tränen ich über dieses vermasselte Tattoo vergossen habe, weiß ich nicht mehr. Irgendwann habe ich aufgehört, die durchwachten Nächte und verheulten Stunden zu zählen.

Nie hätte ich für möglich gehalten, dass mir so etwas passieren kann; dass eine Tätowierung so schief geht und dass sie so tiefe Gefühle der Verzweiflung hervorruft, wie es bei mir der Fall war.

Selbstvorwürfe bringen nichts

Für alle, die an diesem Punkt angekommen sind: Ihr seid nicht die Ersten und werdet wahrscheinlich auch nicht die Letzten sein, die solch eine grobe Fehlentscheidung getroffen haben und bitter bezahlen; die den falschen Menschen vertraut haben; die sich von ihrem Gefühl haben leiten lassen und zu spät erkannten, wie folgenschwer ihre Leichtigkeit, mit der sie die vorausgegangenen Entscheidungen trafen, gewesen ist.

Schaut euch meine Geschichte an! Ihr seid nicht allein mit Selbstvorwürfen, Wut, Traurigkeit und Scham! Ich kenne das alles! Ich habe in diesen Gefühlen quasi gebadet und bin fast ertrunken. Allerdings nur fast. Denn was mich aus meiner Verzweiflung errettet hat, waren diese Gedanken:

Ich glaube, dass jede Erfahrung einen Sinn hat und für etwas gut ist. Jede. Sei sie auch noch so unschön. Wenn ihr an diesem Punkt steht, dann fragt euch, was nun von euch gefordert ist. Es werden ganz individuelle Dinge sein, die euch bestimmt an eure Grenzen führen werden, wie so viele Erfahrungen, die das Leben für uns bereit hält und die wir aufgefordert sind, zu meistern.

Neben ganz persönlichen Themen, die eine solche Situation in jedem einzelnen aufwühlt und an die Oberfläche bringt, sind hier mit Sicherheit Geduld gefragt, viel Aufmerksamkeit und eine Menge Bewusstsein.

Macht euch nun noch einmal ganz in Ruhe klar, was ihr wirklich wollt.

Wo will ich hin?
Was will ich wirklich?
Was sind meine Wünsche und Vorstellungen?

Vergebt euch eure voreilige Entscheidung, falls es eine war. Auch den Tätowierer könnt ihr nicht erschlagen, selbst wenn es in manchen Momenten ein sehr reizvoller Gedanke ist. Nichts könnt ihr rückgängig machen. Das Einzige, was ihr tun könnt, als ersten Schritt auf dem Weg zur ‚Besserung‘: Akzeptiert das Malheur und nehmt eure Erfahrung an. Alles andere bringt nur noch mehr Schmerz und Seelenqualen.

Das Tattoo musste weg. Aber wie? So konnte und wollte ich nicht für den Rest meines Lebens

herumlaufen. Welche Möglichkeiten gibt es, ein Tattoo zu entfernen? Gibt es überhaupt Möglichkeiten, ein Tattoo zu entfernen?
Ich begann, zu recherchieren und mich zu belesen. Es gibt Salben, die furchtbar teuer sind und nach einer Anwendungsdauer von mindestens einem halben Jahr und länger angeblich dazu beitragen sollen, die Farbe unter der Haut langsam vom Körper abtragen zu lassen.
Es gab keinen einzigen Erfolgsbericht zu diesen Salben. Eher das Gegenteil. Es gab niemanden, dem eine dieser Salben in irgendeiner Art und Weise auch nur geholfen hätte, sein Tattoo um wenigstens eine Nuance aufzuhellen. Salben kann man also vergessen.

Ich fand ein Buch, das beschreibt, wie man daheim aus Hausmitteln eine Mixtur herstellt, die nach längerem Auftragen ebenfalls dem Körper helfen soll, die Farben unter der Haut zu resorbieren und damit das Tattoo zu entfernen. Auch das ist – genau wie die Salben – Blödsinn. Es funktioniert nicht.
Ich belas mich in Foren, die keine Informationen bereithielten. Ich versuchte, Hilfe im Internet zu finden und war verblüfft, wie viele Betroffene und wie wenig Rat es gibt.

Wollte ich eine Operation, bei der die entsprechende Hautstelle herausgeschnitten wird, um von einer anderen Stelle körpereigene Haut zu transplantieren? Das kam nicht in Frage.

Als letzte Lösung blieb also nur: Das Lasern.

Lasern, oder – wie die Haut verbrennt

Der Begriff *Lasern* steht für ‚Light amplification by stimulated emission of radiation‘, zu Deutsch: ‚Lichtverstärkung durch stimulierte Emission von Strahlung‘. Die Wechselwirkung mit der Haut und anderen Geweben besteht meist in thermischen Effekten, dh. einer einfachen Erhitzung, oder in der sogenannten Ablation, der Verdampfung und Verpuffung von Geweben. (Wikipedia.de)
Es wird demnach mit Hitze gearbeitet. Durch die Laserimpulse wird die Farbe unter der Haut in kleinste Partikel aufgesprengt. Auf diese Weise ermöglicht man es den Fresszellen des Körpers, den Makrophagen, sie abzutransportieren.
Das Tattoo wird quasi 'weggebrannt'. Obwohl das Lasern keine optimale Lösung ist, so ist es doch die derzeit empfohlene Methode zur Tattooentfernung und die einzige, wirkliche Alternative zu dem Desaster dieser schrecklichen Tätowierung.

Was ist als nächstes zu tun?

Findet ein gutes Laserstudio. Auch das ist nicht so einfach, wie es klingt, denn es gibt – genau wie bei den Tattoo-Studios – große Unterschiede, weshalb ich nicht nur unterschiedliche Tätowierer, sondern auch mehrere Laserstudios kennengelernt habe. Die Meinungen und Vorgehensweisen weichen teilweise stark voneinander ab. Einer meint, die Tätowierung muss erst vollkommen verheilt sein, bevor man lasern kann; der nächste sagt:

‚So schnell wie möglich unter den Laser, denn dann lässt sich die meiste Farbe noch relativ einfach neutralisieren.'

Solch einen Menschen sollte ich kurz darauf finden – mein Glück! Entgegen vieler Meinungen gab er mir fast unmittelbar nach der Tattoo-Katastrophe einen Termin. Nur drei Wochen nach der misslungenen Sitzung war es soweit. Und tatsächlich: Da die Farbpigmente noch nicht so fest in der Haut eingelagert waren, sprach die erste Sitzung – die am wenigsten schmerzlich war von allen, die noch folgen sollten – am besten an. Für's erste sah ich immerhin einen Fortschritt und etwas Licht am Ende des Tunnels.
So erleichtert wie ich war, so schnell schwand jedoch meine Hoffnung, die Tätowierung komplett entfernen zu können bei dieser ersten Sitzung ebenfalls. Zwar wurde das gesamte Tattoo akurat, Punkt für Punkt, gelasert und während des Laserns weiß - man hätte leicht glauben können, dass es so bleiben wird - doch diese Hoffnung nahm mir der Behandelnde sofort:

‚Die Farbe kommt wieder. Das Weiß ist nur eine Art Film, der sich auf Grund der Verbrennungen auf der Haut bildet.'

Dabei ist schwarze Farbe ist in der Regel gut zu entfernen; dennoch werden immer mehrere Sitzungen für eine komplette Entfernung benötigt – sofern man dies aushält und die Haut das mitmacht. Die Anzahl der erforderlichen Sitzungen hängt außerdem von Farbe, Alter, Tiefe und Dichte der Tätowierung sowie des Stoffwechsels und Hauttyps ab.
Mischfarben wie Pink, Lila und Türkis können mitunter schwerer zu entfernen sein. Es gibt spezielle Laser für die Entfernung grüner und roter Tätowierungen, aber auch hier gilt: Jeder tätowierte Farbton reagiert anders auf die Laserbehandlung und zeigt unterschiedlich schnell eine Aufhellung.
Das bedeutet also: Man könne wohl mit einem Laser schwarze Farbe relativ erfolgreich bearbeiten, bei bunten Farben hören die Künste der Laser dann aber auch schon auf. Sie können sogar umschlagen, dunkler werden und dann nie wieder aufhellen - egal, wie oft man darüber lasert.

Meine Hoffnung also, von diesem schrecklichen Tattoo befreit zu werden, starb an Ort und Stelle.
Zudem stellte der Herr schon bald nach der ersten Sitzung seinen Betrieb ein und verkaufte sein Lasergerät.
'Seit diesem Jahr dürfen nur noch ausgebildete Heilpraktiker lasern. Wir nicht mehr.'

Toll!

Nun wollte ich jedoch wenigstens ein professionelles Studio, das diese unterschiedlichen, speziellen Laser für die unterschiedlichen Farben im Bestand hatte. Wenn schon, denn schon!

Wieder ging ich auf die Suche. Und landete in einer Hautklinik in der Hamburger Innenstadt. Drei Monate wartete ich auf einen Termin, der mehr versprach, als er hielt. Kurz ging die Dame punktuell über die eine oder andere Stelle und nicht wie der Mann bei der ersten Lasersession, Millimeter für Millimeter, über das gesamte Tattoo, war in weniger als 10 Minuten fertig, berechnete mir 99,- Euro und passiert ist – nichts. Ein Reinfall. Der mich erneute drei Monate gekostet hatte.

Zusätzlich erklärte sie mir, dass zwischen den einzelnen Sitzungen mindestens drei Monate liegen müssen und in meinem Fall ca. 12 – 15 Sitzungen notwendig wären, um ein passables Ergebnis zu erzielen. Hochgerechnet sprechen wird hier von 3 – 4 Jahren Laserbehandlung. Die Wartezeit bis zur ersten Sitzung und die Zeit, die eine endgültige Abheilung in Anspruch nehmen würde und notwendig wäre, um ein Cover Up stechen zu lassen, nicht mitgerechnet.

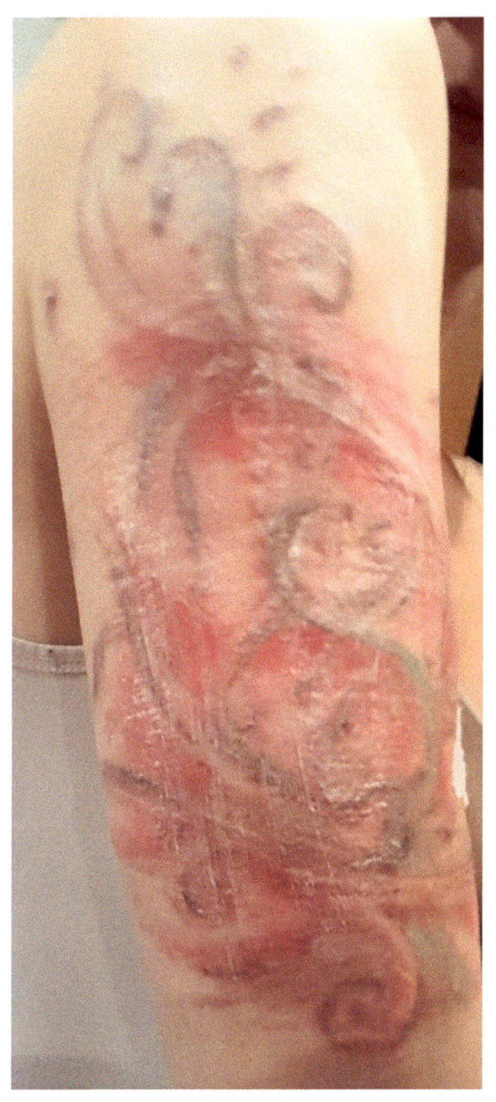

Nach dem Lasern

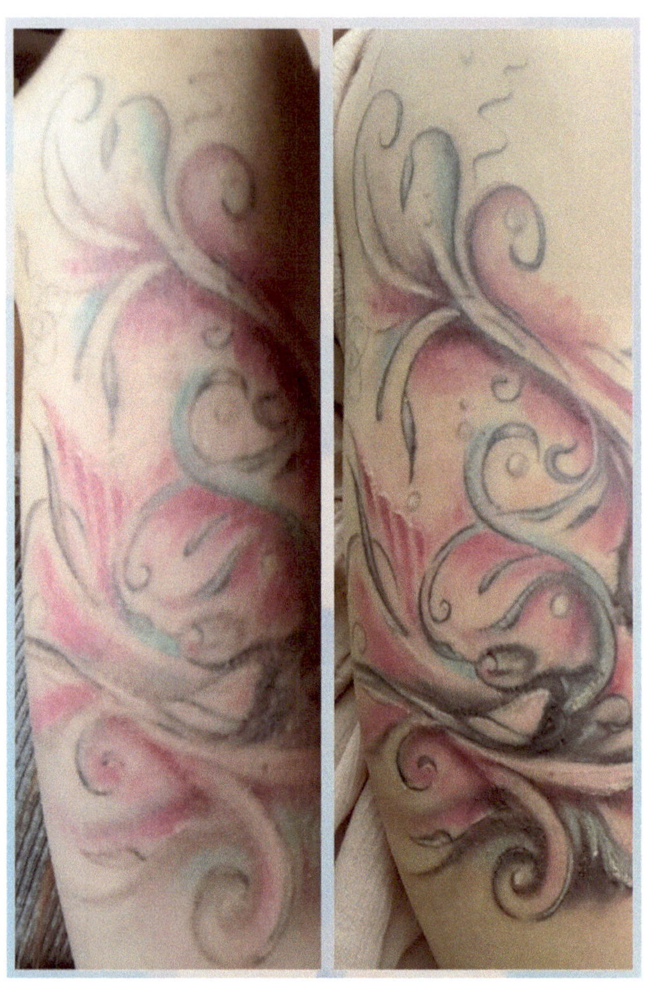

nachher   vorher

32

Wohin jetzt?

Ich fand ein Laserstudio mit dem Namen ‚Endlich Ohne' (1). ‚Endlich Ohne' ist in mehreren Städten ansässig und ich denke, dass auch andere Studios dieser Kette, neben dem in Hamburg, gute Arbeit leisten, da das System, mit dem sie arbeiten, dasselbe ist. Ich kann es empfehlen.
Sie hatten unterschiedliche Laser, unter anderem welche, die speziell auf bestimmte Farben eingestellt werden und diese behandeln konnten. Genau das, wonach ich gesucht hatte. So wurde ein paar Monate später alles erneut gelasert.
Frau Brasch, eine sehr einfühlsame und außerordentlich mitfühlende Dame, ging - wie der Behandelnde bei der ersten Sitzung - langsam, Punkt für Punkt, über das ganze Tattoo. Sie versuchte, so hautschonend wie möglich zu arbeiten, war sich allerdings bewusst, dass trotz aller Bemühungen die Hautreaktionen der zu Behandelnden sehr unterschiedlich sein können.
Sie legte zwischen den Laseranwendungen immer wieder Eis auf meine Haut und erkundigte sich ununterbrochen, wie es mir ging. Sie war ganz offensichtlich sehr besorgt um ihre Kunden.

250,- Euro kostete meine Sitzung, da mein Tattoo sehr groß war. Das heißt nicht, dass alle Sitzungen so teuer sind; kleinere Tattoos sind natürlich nicht ganz so

arbeitsaufwendig, einfarbige Tattoos erfordern nicht
so viele unterschiedliche, spezielle Laser.
Man hörte richtig die kleinen Explosionen unter der
Haut, als die Farbpartikel aufgesprengt wurden. Es
roch unangenehm. Und es tat so weh, dass ich nach
der Sitzung nicht in der Lage war, aus dem
Behandlungsstuhl aufzustehen. Mein Kreislauf fiel ab,
mir war übel, schwarz vor Augen.

Sogleich brachte mir Frau Brasch ein paar Stücken
Schokolade, die für die Kunden überall bereitlagen.
Ein kleiner, aber immerhin süßer Trost für all die
körperlichen und seelischen Schmerzen.

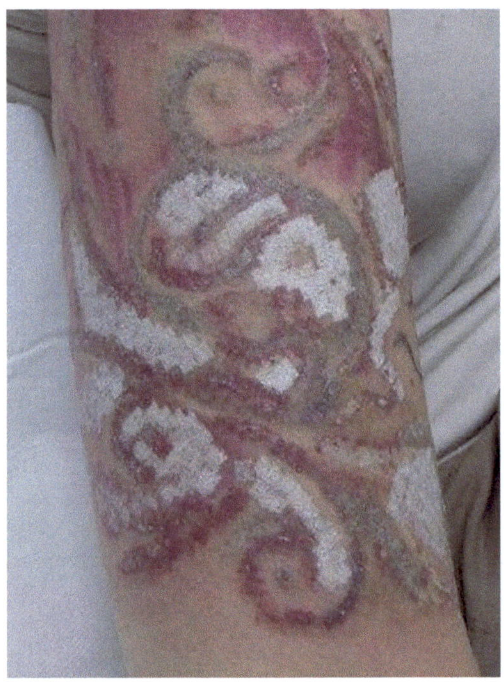

Hier gut zu sehen: Der weiße Film, der sich beim Lasern auf der Haut bildet. Die Farbe ist deshalb allerdings noch lange nicht weg.

Bald darauf schlug meine Haut Blasen; große, mit Wundflüssigkeit gefüllte Blasen. Mein gesamter Arm war verbrannt. Vor Schmerzen wusste ich die erste Zeit gar nicht, wohin mit mir. Ich fühlte mich krank, hatte erhöhte Temperatur und zeigte alle Anzeichen einer echten Brandverletzung, die es letzten Endes ja auch war.

‚Das kann die normale Reaktion auf den Laser sein‘, erklärte mir die Behandelnde.

Glücklicherweise erholte sich meine Haut erstaunlich und unverhofft relativ gut von den Verbrennungen. Erste, kleinste vernarbte Stellen blieben allerdings zurück. Ganz unbeschadet hatte mein Arm all die ihm zugefügten Verletzungen nicht überstanden.

Das schreckliche Telekom-Pink war trotz aller Bemühungen und modernster Lasertechnik immer noch da. Und so gut wie unverändert. Die nette Dame aus dem Laserstudio machte mir diesbezüglich von Anfang an auch wenig Hoffnungen, obwohl sie in dem Studio einen Laser hatte, der explizit auf diese Farben ausgelegt war.

‚Es ist sogar möglich, dass die Farbe umschlägt, dunkler wird und dann gar nicht mehr zu behandeln ist. Sie bleibt dann so‘, erklärte auch sie mir wiederholt.

Das geschah bei mir allerdings – Gott sei Dank – nicht. Die zurückgebliebenen Narben jedoch erzählten stumm all jenen meine Geschichte, die genauer hinschauten. Der Glaube an die unversehrte Haut nach mehreren Lasersessions, bei denen ein Tattoo rückstandslos entfernt werden kann, war für mich spätestens jetzt Geschichte - was allerdings nicht an dem Studio lag, sondern an dem allgemeinen Glauben an die Fähigkeiten der heutigen Laser und daran, wie sie im Internet, in Youtube-Videos und entsprechenden Prospekten oftmals dargestellt werden.

In den seltensten Fällen kann ein Tattoo komplett und rückstandslos entfernt werden, wobei hier rein schwarze Tattoos natürlich die besten Chancen haben. Wenn man Glück hat, kann die Tattooentfernung funktionieren. Allerdings nur dann.

*

*Manchmal ist die Art
wie wir handeln
auch nur ein Spiegel
unserer Wunden.*

Unbekannt

*

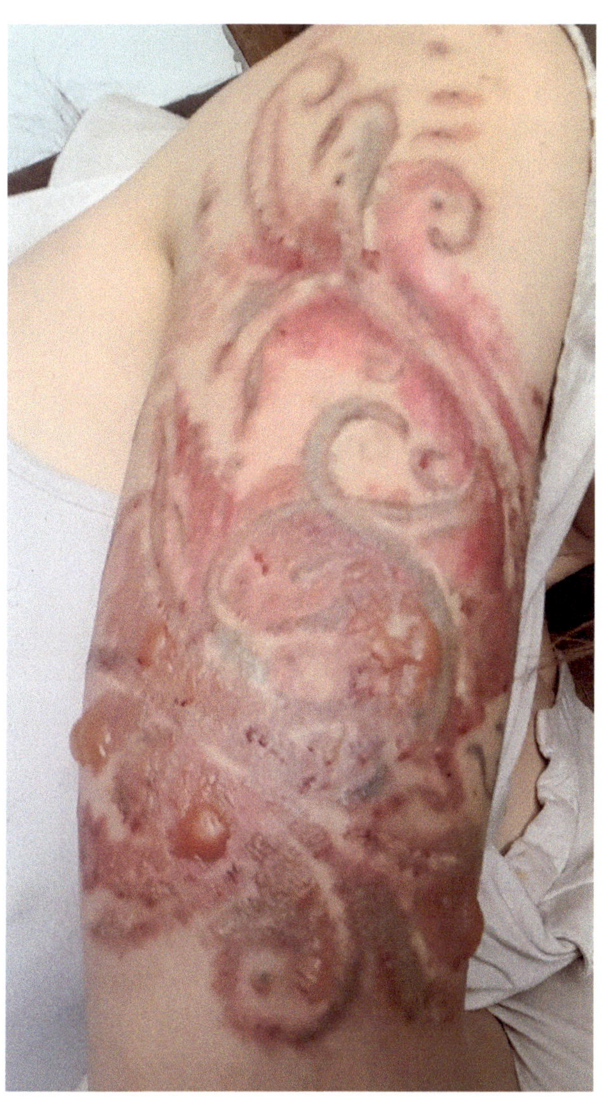

Blasen auf der Haut nach dem Lasern

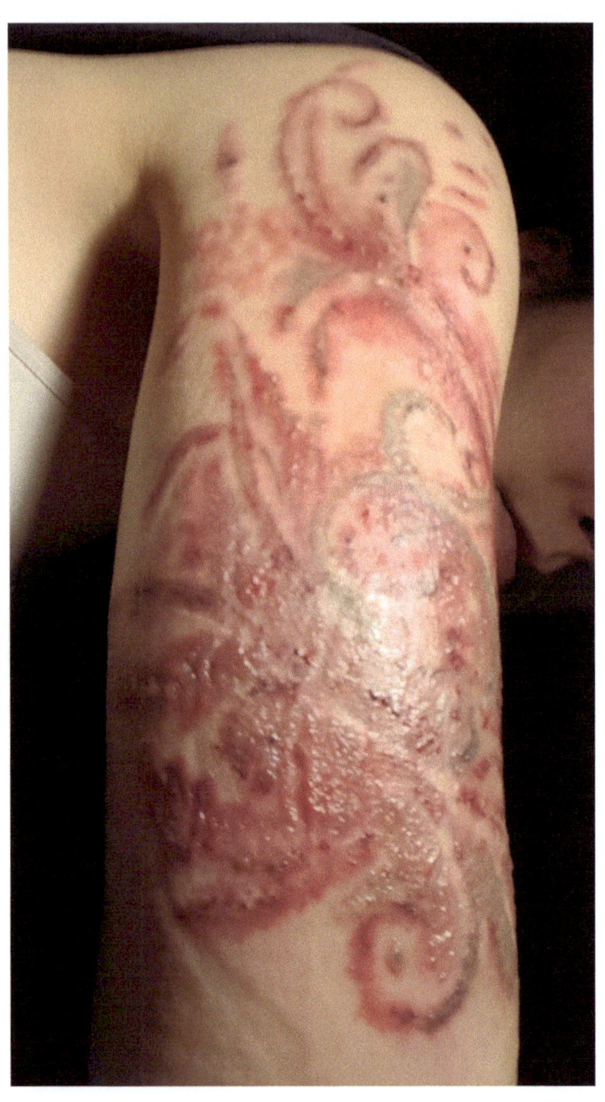

Wenig später: Brandwunden der gelaserten Haut

Ein paar weitere Monate vergingen und noch einmal ging ich zum Lasern - dieses Mal, um ganz gezielt noch einmal das Pink behandeln zu lassen. Ein letzter Versuch. Mehr würde meine Haut nicht mehr schaffen und zu mehr war auch ich nicht in der Lage. Als der Laser ganz kurz auf einer anderen Stelle als dem schrecklichen Pink getestet wurde, brach ich die Sitzung sofort ab. Nichts zu machen. Der Schmerz war einfach zu groß.
Erneut Blasen, erneut verbrannte Haut. Und mit diesem Ergebnis musste ich nun leben. Bis jetzt hatte meine Haut das ganze Massaker relativ gut vertragen, obwohl sie jetzt schon vernarbt war, das sah man deutlich. Wie sie nach immer weiteren Verbrennungen aussehen würde, konnte ich nicht abschätzen, doch mein Gefühl und mein Schmerzempfinden sagten mir eindeutig, dass es keine gute Idee war, weiterzumachen. Eine weitere Lasersitzung kam also nicht in Frage.

Parallel zu all den Lasersitzungen suchte ich die ganzen Monate das Internet nach Vorlagen ab, nach guten Tätowierern, nach jemandem, dem ich vertrauen konnte. Nichts durfte mehr schiefgehen. Wiederholtes Lasern einer erneuten Tätowierung war vollkommen ausgeschlossen. Würde es wieder schiefgehen, wäre die letzte Lösung nur eine Hauttransplantation, die für mich im Grunde genommen nie in Frage kam.

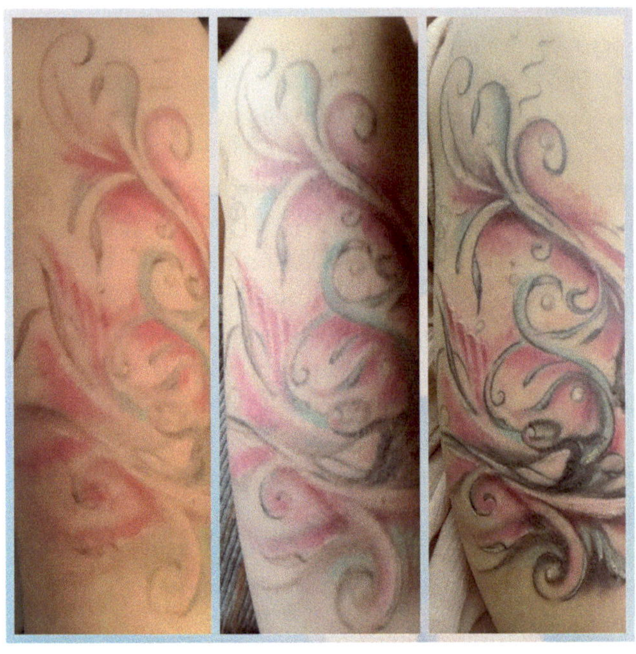

Tattoo und Endergebnis des Laserns im Vergleich

Vorerst, als Erste-Hilfe-Maßnahme sozusagen, fand ich eine junge Dame aus dem *Hamburger Farbkollektiv*, die mir eine – sagen wir mal – Einsteiger-Version eines Cover-Ups in die Haut brachte. Ein einfaches Tattoo. Eine annehmbare Vorlage für einen wirklichen Profi.

Leider nahm es die junge Dame mit ihren Terminen nicht so genau, ließ mich für einen zweiten Termin, an dem das Tattoo fertiggestellt werden sollte, aus dem 220 Kilometer entfernten Mecklenburg anreisen, nur um mich vor der Tür stehen zu lassen, ohne ein Entgegenkommen, ohne Beteiligung an den entstandenen Kosten, ohne das Angebot eines Ersatztermines - was die Initialzündung für meinen Anruf in einem der hochkarätigsten Studios war, das derzeit auf dem Mark fungiert: *Tattoo Lebenslänglich in Hamburg.*

Am Ende meines schmerzhaften Weges, der mich vielfach mit mir selbst konfrontierte und mich dazu zwang, mich mit mir selbst, meiner Art und Weise, meiner Entscheidungsfindung und Leichtfertigkeit, meiner Naivität und Blauäugigkeit auseinanderzusetzen, hatte ich tatsächlich doch noch Glück! Ich fand das richtige Studio und den richtigen Inker, der wirklich zu mir und meiner Art, meinem Geschmack und meinem Kunstverständnis passte.

Trotz aller Seelenqualen hat sich mein Weg also doch noch gelohnt und ich kenne mich heute ein großes Stück weit besser, als ich es noch vor zwei Jahren tat. Ich bin lange nicht mehr so naiv; nie wieder würde ich so leichtfertig eine derart folgenschwere Entscheidung treffen. Und nie wieder würde ich, ohne meine Wünsche klar auszusprechen und zu kommunizieren – für mich der schwerste Teil des Lernprozesses – mit einem fremden Menschen eine Vereinbarung schließen. Egal in welcher Hinsicht.

Allerdings hätte es auch anders ausgehen können. Es hätte auch noch in letzter Konsequenz schiefgehen können; dann wäre ich wohl bis zum Ende meiner Tage im Sommer mit einer Armbinde umhergelaufen oder eben mit leichten, langärmeligen Shirts, von denen ich heute mehr besitze, als je zuvor.

***

Nichts ist so hoffnungslos,
dass wir nicht Grund
zu neuer Hoffnung fänden.

Nicooló Michiavelli

***

Tattoo Lebenslänglich in Hamburg (2)

Das letzte, kurze Kapitel des ersten Teils sei diesem Studio gewidmet. Im Gegensatz zu vielen anderen, die auf meine Anfragen nicht einmal zurückgerufen haben, geschweige denn auf meine Emails antworteten, fand ich bei Tattoo Lebenslänglich in Hamburg sofort offene Herzen und verständige, sachkundige Menschen; das muss ich einfach in diesen kurzen Erfahrungsbericht mit einbringen. Es soll keine perfide und auch keine unterschwellige Werbung sein, doch so war es einfach.

Während ich noch mit dem vorherigen Tattoo-Studio um eine Erstattung der Laserkosten stritt, die mir erst zugesagt wurde, als ich zwei grenzwertig-bitterböse Nachrichten an die angeblich Verantwortliche schrieb; und als ich noch immer das dreiste Stehengelassenwerden von Nia aus dem Farbkollektiv verdauen musste und zähneknirschend sowohl die Kosten meiner Anreise als auch die mir entstandenen Unkosten für die engagierte Aushilfe meiner Hundezucht abschrieb, traf ich bei Tattoo Labenslänglich auf offene Gemüter, die meine Situation sehr ernst nahmen und vor allem verstanden. Nie werde ich vergessen, wie erleichtert ich war, als ich schon bei dem ersten Telefonat hörte, wie der offenkundig kompetente Manager, nach einer kurzen Erläuterung meiner Situation, frohen Mutes meinte: ‚Klar, da machen wir was Schönes draus! Das kriegen wir hin!'

Das Konzept des Studios: Herausragende Künstler, die auf internationalen Tattoo-Conventions in den obersten Klassen mitspielen, werden ebenso angeworben, wie Absolventen von Hochschulen in Moskau, St. Petersburg und Volgograd, die Kunst studierten und sich auf das Tätowieren spezialisiert haben. Die Arbeiten sind dementsprechend professionell.

Da das Studio in Hamburg relativ neu war, im Gegensatz zu denen in Essen und Münster, bekam ich kurzfristig einen Termin. Und diesmal hatte ich Glück. Dieses Mal hatte ich tatsächlich Glück!

Was ich lange Zeit nicht zu hoffen gewagt habe, wurde kurze Zeit später Wirklichkeit. Ich traf auf aufgeschlossene, kompetente Mitarbeiter und fachlich kaum zu übertreffende Künstler. Das Studio war geräumig, hell, freundlich, offen, die Atmosphäre einladend. Die Tätowierer widmeten ihren Motiven lange Vorbereitungszeiten, befassten sich mit den ihnen bevorstehenden Arbeiten, durchdachten Motiv und Umsetzung, wägten Farben und Körperstelle entsprechend Kundenwunsch und -Typus sorgfältig ab. Hier arbeiteten echte Profis, dem Kunden zugewandt und mit freundlicher Ausstrahlung. Kein Vergleich zu dieser dunklen, grobschlächtigen, Erscheinung des inkompetenten Mickey-Mouse-Tätowierers mit seiner menschen- und frauenverachtenden Ausstrahlung.

Nach einer ausführlichen Besprechung stellte Valera, ein junger Tätowierer aus Russland, meinen Arm wieder her; was heißt ‚wieder‘? - er stellte ihn *überhaupt* endlich einmal her. Und *das* schöner und professioneller, als alles, was ich mir hätte träumen lassen.

Die Erleichterung war grenzenlos.

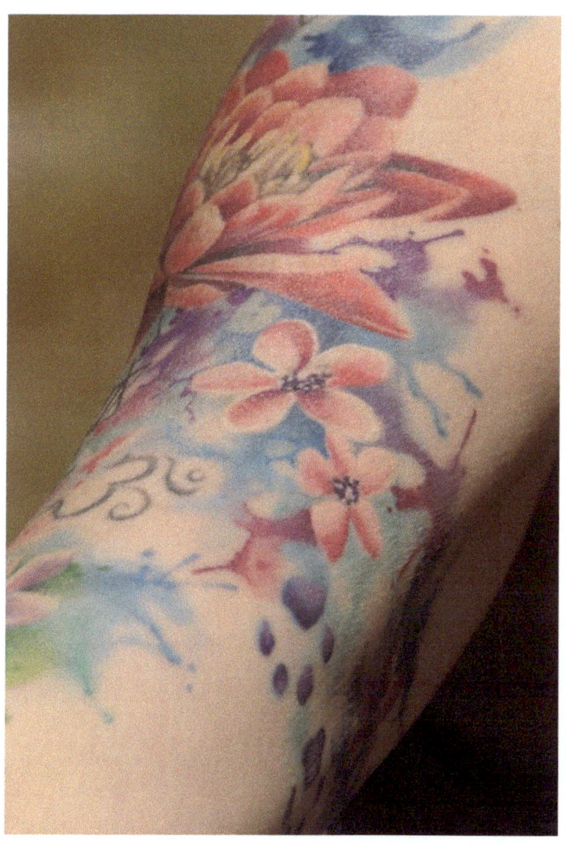

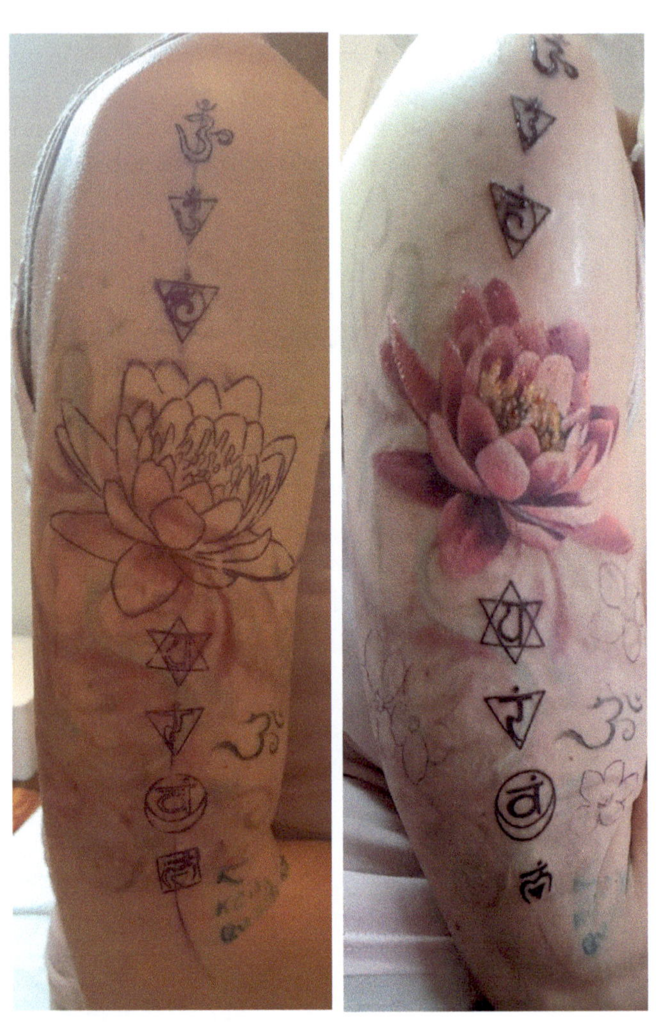

Vorgezeichnetes Cover und erste Umsetzung

Diesmal – ich hatte ja lange genug Zeit, um zu überlegen und mir Gedanken zu machen – legte ich größten Wert auf die Unterstreichung spiritueller Symbole und Motive. Das Tattoo - ohnehin mittlerweile größer, als ich es je haben wollte - sollte eine Bedeutung haben und nicht einfach nur ein schönes Bild darstellen. Es sollte *mir* etwas bedeuten. Und es sollte mit meinem Leben, meinen Erfahrungen und meiner inneren Einstellung harmonieren. Außerdem sollten die Farben entsprechend der Aussage des Motivs gewählt sein, nicht erschlagen, zu mir passen und im Weiteren für immer zu mir gehören.

Die Symbole bezeichnen die sieben Chakren von unten nach oben. Den Lotus wollte ich inmitten der Chakren eingearbeitet haben. Dieses florale Motiv sollte das Spirituelle nochmals unterstreichen und gleichzeitig das vorherige Tattoo gut covern. Dazu kleinere Blüten im unteren Teil, die dem Lotus nicht den Rang abliefen, das Gesamtbild jedoch harmonisch wirken ließen; das ganze zusätzlich mit den passenden Farben umspielt. Das war der Plan.

Die erste Ausarbeitung von Nia aus dem Farbkollektiv war passabel, die Umsetzung von Valera aus dem Studio Lebenslänglich überragend!

Er hat ganze Arbeit geleistet.

Nicht jede Geschichte geht am Ende so gut aus wie meine. Ich bin noch einmal glimpflich davongekommen; doch wenn man erneut auf die ‚falschen' Menschen trifft, kann das Ergebnis auch ganz anders aussehen. Darum erneut mein dringender Rat an euch:

Begeht nicht dieselben, leichtfertigen Fehler wie ich! Seid nicht so naiv und denkt ‚der Tätowierer macht das schon', denn das wird er unter Umständen nicht.

Seid aufmerksam. Lasst euch eure Skizzen abfotografieren und am besten ausdrucken und unterschreiben. Denn dann ist der Tätowierer an die Vorlage gebunden, und zwar noch mehr, als wenn die Absprache nur mündlich vonstatten geht.

Auf dem nächsten Bild sind die ersten Anfänge aus dem Farbkollektiv zu sehen. Es zeigt sehr einfach ausgearbeitete Blüten und relativ stark blutende Haut, was in diesem Maße nicht unbedingt passieren sollte.

Da die Farbe in die Haut eingebracht wird, stellt das Tätowieren zwar immer eine Verletzung dar; darum kann es passieren, dass die Haut etwas blutet; Das ist beim Tätowieren ganz normal und nicht beunruhigend. Allerdings sollte man sich darauf einstellen und innerlich vorbereiten. Übermäßiges Bluten der Haut ist jedoch ein Zeichen einer schlecht gestochenen Tätowierung.

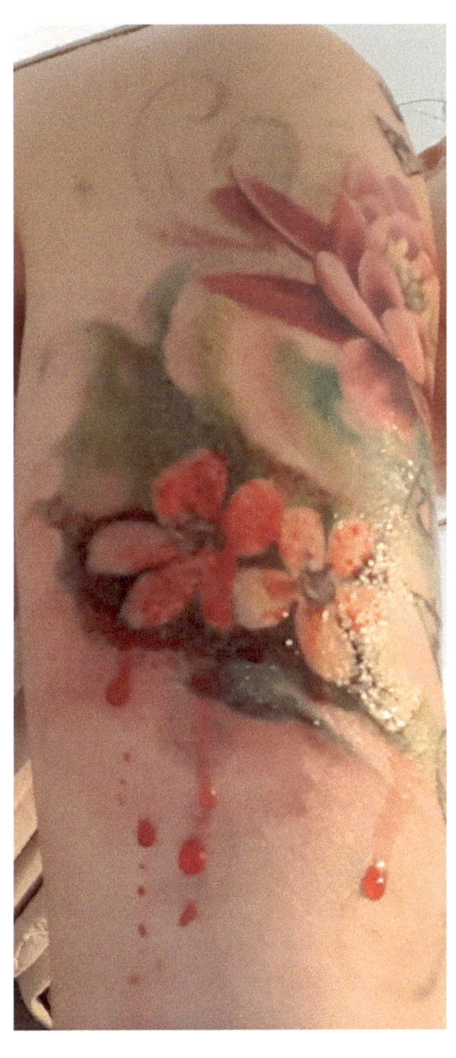

Erste Anfänge aus dem Hamburger Farbkollektiv

Glücklicherweise habe ich mir die Bilder der Vorlage des schrecklichen Mickey-Mouse-Tätowierers schicken lassen, sodass ich dem Studio gegenüber die - ich nenne es jetzt mal - Unverschämtheit des Tätowierers belegen konnte, eigenmächtig ein anderes Motiv gewählt zu haben. Sonst hätten sie mich wohl gänzlich mit dieser Geschichte sitzen lassen. Die Tatsache – von der Vorlage mal abgesehen – dass nicht nur das Motiv wirklich schlecht war und bei allen von mir konfrontierten Tätowierern Kopfschütteln ausgelöst hat, sondern dass das Tattoo auch extrem schlecht gestochen wurde, wollte nicht gesehen und gehört werden.

Es war viel zu tief in die Haut eingebracht. Darum hat es damals auch so unglaublich wehgetan und sich letztendlich auch entzündet – und das nicht nur, weil ich mich innerlich so sehr gegen Tattoo und Tätowierer gewehrt habe. Das weiß ich heute, nach gründlicher Recherche und Konfrontation mit mehreren Inkern, Laserstudios und Ärzten.

Das damalige Studio interessierte das wenig.

Bei dem Inker aus dem Hamburger Studio Lebenslänglich war dies nicht der Fall; die Haut hat nicht geblutet, das Tattoo hat sich nicht entzündet, es gab keine Komplikationen irgendeiner Art – und das, obwohl das restliche Cover Up und das Touch Up sogar *nach* all den Torturen gestochen wurde.

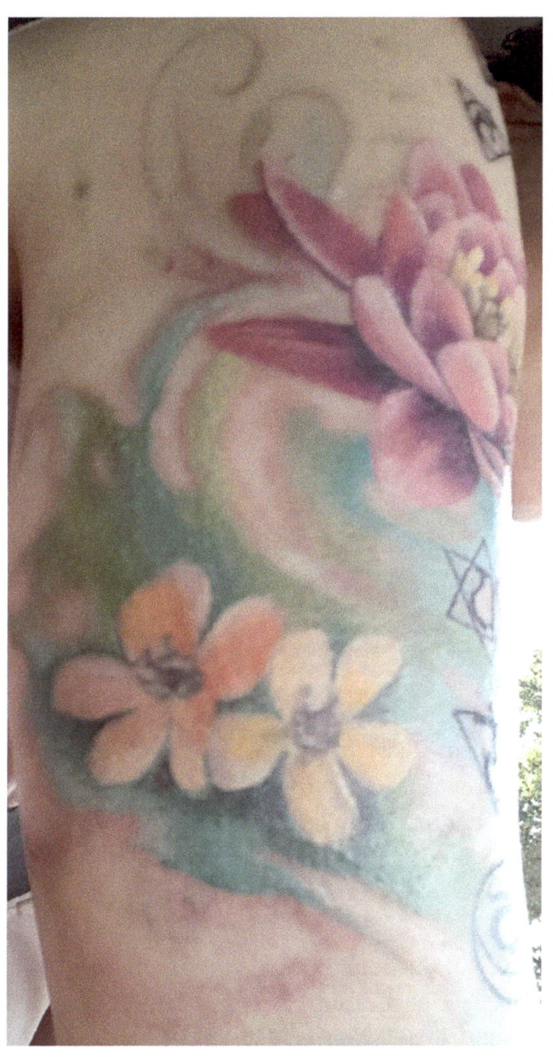

Der erste Entwurf von Nia aus dem Hamburger Farbkollektiv, der leider nicht ganz fertig wurde.

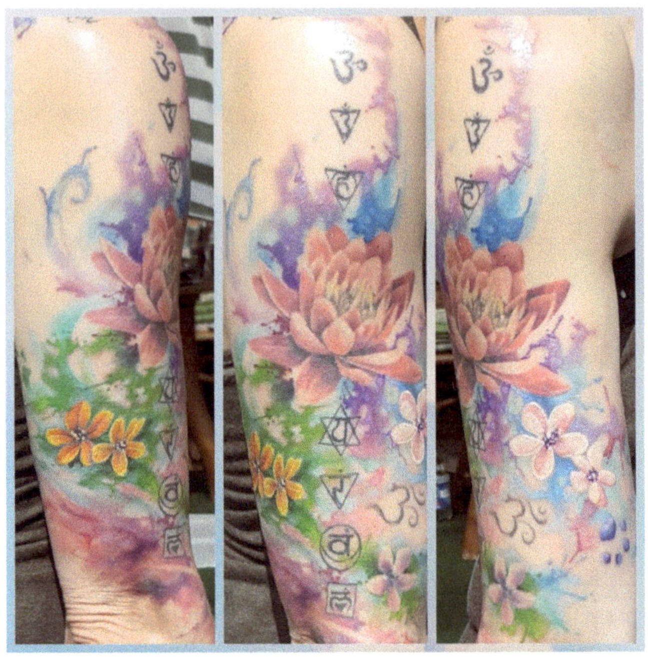

Das Touch Up von Valera ist fertig. Es ist alles gut gegangen und ich habe großes Glück gehabt. Das schreckliche Mickey-Mouse-Tattoo von dem noch schrecklicheren Tätowierer ist endgültig weg, nicht mehr zu sehen, gecovered. Davon bin ich ein für alle Mal befreit.

Deutlich zu sehen: Die Water-Colour-Arbeit ist fantastisch, die Blüten plastisch ausgearbeitet, die Übergänge der Farben brilliant. Es wurde gestochen scharf, mit feinster Nadel, tätowiert und jedes Detail professionell ausgearbeitet. Besser hätte es nicht werden können.

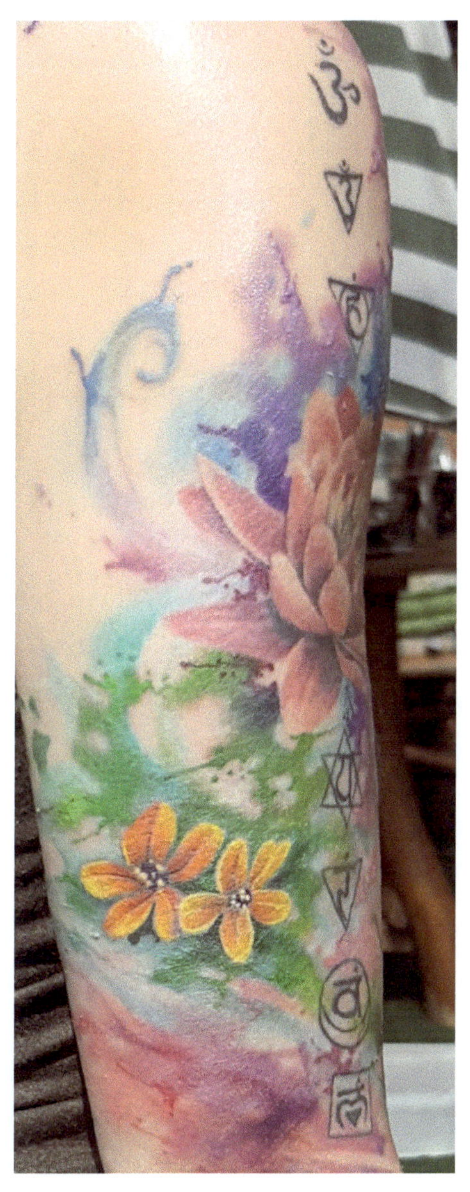

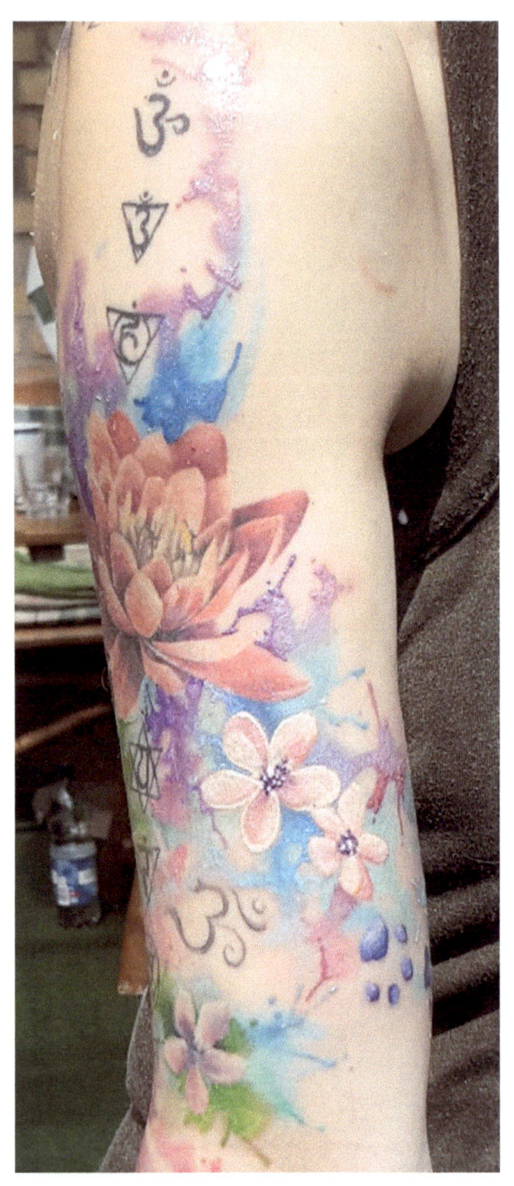

Nachsorge

Wichtige Tipps zur richtigen Nachbehandlung der Haut

Meine abgeschlossene Ausbildung zur Heilpraktikerin, das Studium an einer Uniklinik in Sri Lanka und die drei Jahre Indien, in denen ich viele Erfahrungen auf dem Gebiet der alternativen Medizin sammeln durfte, bilden heute zwar nicht meine Lebensgrundlage – ich bin Autorin und züchte kleine Schoßhunde (3) – aber es kommt mir in meinem täglichen Leben ab und an zugute; bewahrt mich allerdings – wie man sieht – nicht vor Torheiten.
Ohne die grundlegende und fundierte Nachbehandlung meiner Haut würde sie jedoch heute wahrscheinlich noch ganz anders aussehen und die Heilungs- und Regenerationsprozesse wären nicht so gut verlaufen, wie sie es am Ende glücklicherweise sind.

Nach dem Lasern:

Lasern bedeutet Verbrennung. Die Haut ist also nach allen Regeln einer Verbrennung zu behandeln. Bepanthen ist hier die falsche Wahl, auch wenn es eine Breitspektrum -Regenerationssalbe für die Haut ist und als diese verkauft wird.

Besorgt euch vor der ersten Lasersitzung Kühlpads. Am besten solche, die eine gelflüssige Substanz enthalten, denn diese passen sich der Haut besser an als starre, aus Kunststoff oder Plastik hergestellte. Legt euch kein Eis auf die frisch verbrannten Stellen, denn dieses kann unter Umständen eine erneute Verbrennung verursachen – den so genannten Frost-, Kälte- oder Gefrierbrand. Ihr würdet diesen wahrscheinlich nicht einmal merken, da eure Haut ja ohnehin schon verbrannt ist. Also: Milde Gelpads aus dem Kühlschrank, nicht der Tiefkühltruhe.

Das Laserstudio wird euch womöglich eine Salbe mitgeben, die explizit für diese Art der Verbrennungen geeignet ist. Auch diese ist nicht schlecht. Die Ayurvedische Medizin empfiehlt in solchen Fällen allerdings **Aloe Vera.**

Die Aloe-Pflanze enthält kühlende und Haut-regenerierende Substanzen, die sich hervorragend für alles eignen, was mit Haut zu tun hat. Darum ist mein Tipp: Gekühltes Aloe-Vera-Gel – keine Salbe! – was relativ schnell einzieht, in Abwechslung mit gelartigen Kühlpads. Die Schwellung und die Blasen sollten so relativ schnell verschwinden.

Reißt die Blasen, sollten sich welche bilden, unter keinen Umständen auf! Die Wundflüssigkeit, die in den Blasen eingeschlossen ist, hilft der darunter liegenden Haut, sich neu zu bilden. Reißt ihr diese auf und die Wundflüssigkeit läuft aus, brennt das nicht nur wie Feuer, sondern es erschwert auch der Haut, neue Zellen zu bilden und zu verheilen.

Ist die erste Phase, also die akute Phase, die mit viel Schmerzen und Blasenbildung einhergeht, abgeschlossen, folgt die zweite Phase: Die Verheilung und Festigung der neugebildeten Haut. Auch hier ist Aloe-Vera-Gel immer wieder zu empfehlen.
Wascht eure Wunden zwischenzeitlich vorsichtig ab, um eventuellen Schmutz, der sich an die feuchten Stellen angelagert hat, und das Gel, das womöglich leichte Rückstände bildete, abzuwaschen.

Jetzt kann - in Kombination - das Mittel auch immer mal gewechselt werden und wahlweise zu **panthenolhaltigen Salben** wie zum Beispiel Bepanthen oder auch den extra dafür mitgegebenen Salben gegriffen werden. Sollte es vereinzelte Stellen geben, die wie kleine Wunden anmuten, die schlechter abzuheilen scheinen, ist **Emu-Salbe** zu empfehlen.

Emu-Salbe wird vorrangig in der Tiermedizin angewendet und enthält das Öl des Emus, einem Laufvogel Australiens. Da dieses Öl eine hohe Konzentration an ungesättigten Omega-3 und -6 Fettsäuren enthält, die beim Aufbau neuer Hautzellen eine große Rolle spielen, eignet es sich hervorragend für alle Arten der Wundheilung auf der Haut, über Brandwunden und trockener Haut bis hin zur Narbenregeneration.

Unterstützend können leichte Massagen des entsprechenden Bereiches – natürlich nicht während der akuten Phase – mit der gewählten Salbe oder dem

Aloe-Vera-Gel angewendet werden. Dies fördert die Neubildung und Durchblutung des jeweiligen Hautareals. Dazu reicht es, mit der Hand langsam streichend über den zu behandelnden Bereich zu gehen und die Wirkstoffe somit noch effektiver in die Haut einzubringen.

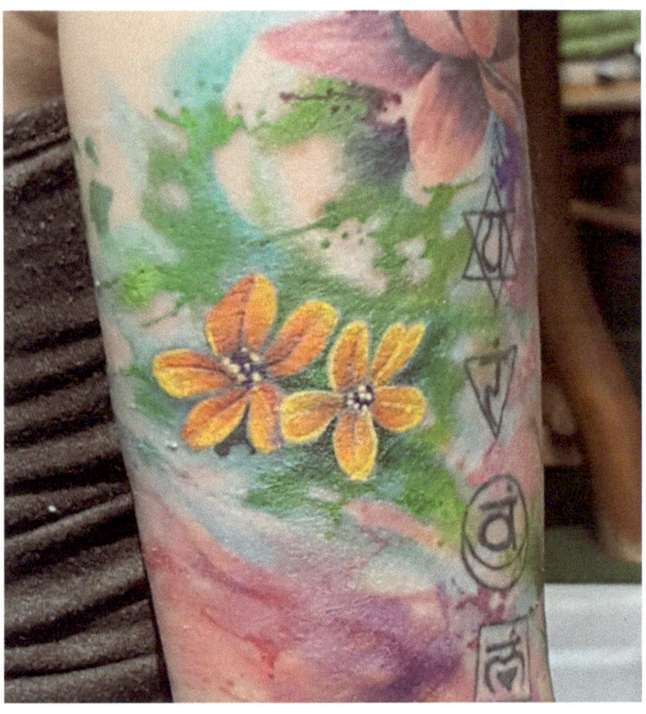

Gut zu erkennen: Die professionelle Ausarbeitung des Water-Colour-Styles von Valera aus dem Hamburger Tattoo-Studio *Lebenslänglich*

Nach dem Tätowieren:

Auch hier gibt es Salben, die für die Wundheilung speziell nach dem Tätowieren bestimmt sind. Damit habe ich persönlich keine guten Erfahrungen gemacht. Löst man die Folie und den Verband nach – optimal – einem Tag nach dem Tätowieren und trägt die entsprechende Salbe auf, brennt sie schrecklich und hört auch vorerst nicht wieder auf. Da Schmerz medizinisch immer ein Symptom ist, kann diese Salbe auf frisch tätowierter Haut also nicht gesund sein.
Generell gilt: Seid vorsichtig mit Salben auf frisch tätowierter Haut! Wenn ihr die Folie das erste Mal löst, dann könnt ihr vorsichtig die Haut trocken wischen, müsst es aber nicht. Ihr könnt das körpereigen-produzierte Wundwasser, das immer auch heilende und regenerierende Enzyme enthält, einfach für diesen Moment auf der Haut belassen. Folgt hierbei eurem Gefühl.
Was nicht zu empfehlen ist, ist mit Seife an frisch tätowierte Haut zu gehen. Seife zerstört immer den natürlichen Säureschutzmantel der Haut, egal ob es bio, naturbelassene oder chemisch hergestellte Seife ist. Dazu siehe auch gerne mein Buch ‚HAIR – Alles über alternative Haarpflege‘ (4)

Mein Tipp an dieser Stelle: Erstversorgung mit Panthenol. Panthenol zieht nicht – wie zum Beispiel Aloe Vera oder auch Jojobaöl – die Farbe aus der Haut, wirkt beruhigend und feuchtigkeitsspendend.

Wartet noch einen Tag, solange die Haut nicht spannt. Gebt eurer Haut Zeit. Es ist nichts zu überstürzen. Die Selbstheilungskräfte unseres Körpers sind nicht zu unterschätzen.

Gegebenenfalls legt auch in den nächsten Nächten noch einmal Frischhaltefolie auf und einen Verband an. So wird die Haut feucht gehalten, denn die natürlich produzierte Feuchtigkeit verdunstet nicht, sondern verbleibt durch die auf ihr liegende Folie auf der Haut, was ihr zusätzlich ganz natürliche Feuchtigkeit verleiht.

Achtet in jedem Fall darauf, dass die Haut nicht austrocknet und reißt!

Im Weiteren, wenn die Haut sich das erste Mal erneuert hat und das Tattoo sichtbar abgeheilt ist, was 5 bis 7 Tage dauern kann, empfehle ich jedoch das altbewährte Jojobaöl.

Jojobaöl ist eigentlich kein Öl, sondern ein Wachs. Da es ein Wachs ist, wird es auf der Haut nicht von den körpereigenen Lipasen gespalten. Es durchdringt somit alle Hautschichten, schützt langfristig vor Feuchtigkeitsverlust, wirkt entzündungshemmend und besitzt einen natürlichen Lichtschutzfaktor von drei bis vier. Und es ist sehr reich an Provitamin A und E.

Vitamin A hat eine wichtige Bedeutung für den Schutz von Haut und Schleimhäuten sowie für das Wachstum und die Zellentwicklung und -erneuerung. Es unterstützt Reparaturprozesse auf der Haut und normalisiert die Hautfunktionen. Somit ist es unverzichtbar für die Gesundheit dieser Gewebe. Ein

Mangel an Vitamin A bedingt rissige und trockene Haut sowie Hautschäden, zum Beispiel Hautschuppung. Bei der späteren Abheilung einer Tätowierung also sehr zu empfehlen.

Vitamin E schützt die Zellmembran, das heißt die Außenwände unserer Zellen, und ist wichtig für den Fettstoffwechsel. Es sorgt auf diese Weise dafür, dass die Haut nicht rissig wird oder austrocknet. (siehe: Hair – Alles über alternative Haarpflege - 4)

Außerdem – und das ist der größte Pluspunkt an diesem Öl, im Gegensatz zu so ziemlich allen Salben - brennt es nicht auf der Haut. Es ist so mild und hautfreundlich, dass es problemlos für die Haut- und Wundversorgung genutzt werden kann.

In beiden Fällen – sowohl dem Lasern, als auch dem Tätowieren - erneuert sich die Haut. Die alte Hautschicht stirbt ab und löst sich langsam. Keine Haut abziehen! Auch keine halbgelöste Haut abziehen – auch wenn es schwer fällt. Und auf keinen Fall kratzen, wenn es im Weiteren beginnt zu jucken.

Juckreiz

Ist die akute Phase der Verletzung abgeheilt und hat sich die Haut erneuert, beginnt sie einige Tage wie verrückt zu jucken. Versucht, diesem Reiz nicht nachzugeben und ihn so gut wie möglich auszuhalten. Massiert indes das betroffene Areal mit eingecremten oder –geölten Fingern, nicht jedoch mit den Fingernägeln!

Nach der Erstversorgung mit Panthenol, die bis zu 7 Tagen dauern kann, könnt ihr hier ebenfalls mit Aloe-Vera-Gel beginnen. Auch in diesem Fall ist die kühlende Wirkung sehr wohltuend.

Bei dem Aloe-Vera-Gel ist sehr auf die Qualität des gewählten Produktes zu achten. Kauft lieber in einer Apotheke als in den herkömmlichen Drogeriemärkten. Selbst wenn der Unterschied bei 10,- Euro liegt und es sich im ersten Moment so anfühlt, als steht das Geld nicht in Relation zu der kleinen Tube, so überlegt euch, ob ihr es euch Wert seid, nicht doch etwas mehr auszugeben oder an dieser Stelle zu sparen.

Im Grunde genommen folgt nun eine ähnliche Prozedur wie bei der Behandlung nach dem Lasern; allerdings ist es nicht unbedingt notwendig, die Haut zu kühlen. Sollte es sich für euch jedoch angenehm anfühlen, dann kühlt eure Haut. Schaden kann es nicht.

Nutzt erst nach 3 – 4 Tagen die spezielle Tattoo-Salbe, wenn ihr sie denn überhaupt nutzen wollt. Bepanthen sei hier ebenfalls empfohlen, das nicht brennt, bei Heilungsprozessen gern eingesetzt wird und für Schnittwunden prädestiniert ist.

Wascht eure Wunde immer wieder mit klarem Wasser, lasst der Haut jedoch Zeit für den Heilungsprozess und den Salben Zeit, vollständig einzuziehen.

Der ideale Zeitpunkt, eine Salbe aufzutragen, ist abends und nachts. Man sieht unter anderem an den sich schließenden Blumenkelchen, wie die ganze Natur sich zur Nacht in sich zurückzieht. Alles, was einziehen soll, nach innen ziehen soll, sollte deshalb abends und nachts aufgetragen werden. Man erleichtert es dem Körper, und in diesem Fall der Haut, die heilenden Substanzen aufzunehmen.

Nutzt immer wieder Aloe-Vera; auch die Emu-Salbe für die frischen Wunden ist nicht verkehrt, allerdings nicht unablässig, da es keine Verbrennungen sind. Meinen Entzündungen nach Herrn Mickey Mouse hat sie allerdings sehr geholfen.

Achtet darauf, dass die Salben und Gele, Sonnencremes und Pflegeprodukte, die ihr im Anschluss langfristig nutzt, keine Parfume oder andere synthetisch hergestellte Chemikalien enthalten. Es ist für das natürliche Hautmilieu nicht förderlich, ihm mit irgendeiner Art von Chemie zu begegnen.

Sonne sollte in der ersten Zeit gemieden werden. Vor allem nach einer Lasersitzung, was euer Schmerz, den die Sonne auslöst, schon erzählen wird. Auch im Weiteren sollte man – will man die strahlenden Farben und klaren Linien eines Tattoos erhalten – nicht unbedingt täglich und mit voller Wucht in der Sonne baden. Je besser die Haut geschützt und gepflegt wird, umso länger habt ihr etwas von eurer Entscheidung, die hoffentlich eine gute war.

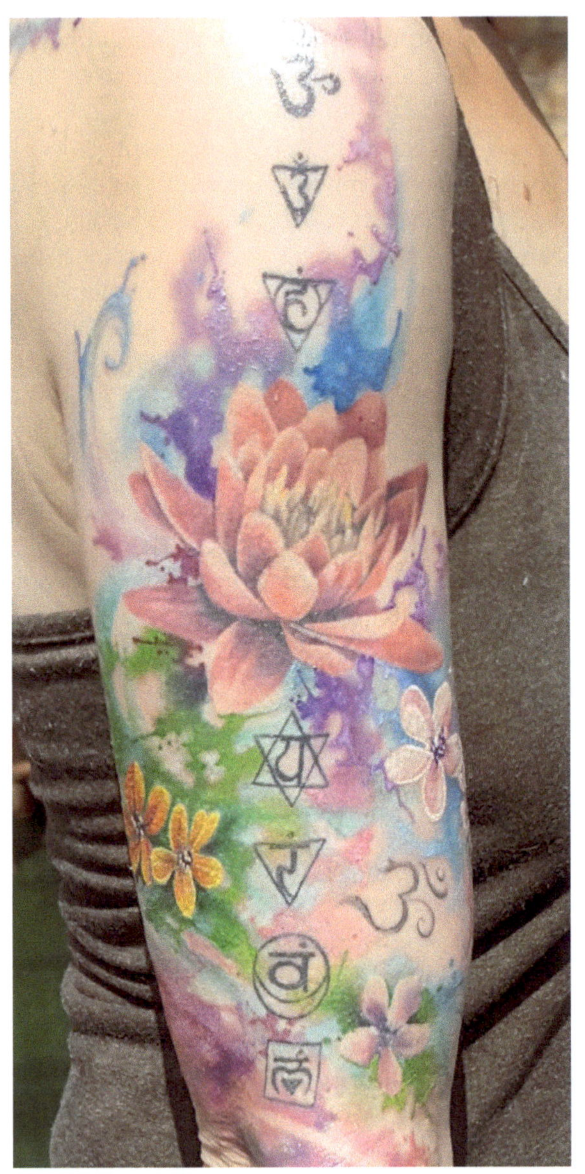

64

Insight – ein kurzer Abriss der Bedeutsamkeit

Der Ursprung des Tattoos liegt - wie heute weithin bekannt - auf einer Inselgruppe im Südpazifik, und zwar den Schifferinseln (Ta-tatau), den Freundschaftsinseln (Tatau, Tatu) und den Gesellschaftsinseln (Ta-Tattorio).

Mit der Versklavung und Verschiffung der Eingeborenen nach Europa, die oft und viel tätowiert waren, stand diese Art des Körperschmucks in Verbindung mit dem Namen der Inseln und leitet den heutigen Begriff 'Tattoo' her, der weltweit Verwendung findet.
Es waren demnach auch die Seefahrer und Schiffer, die als erste selbst Tattoos als Verzierungen von ihren Reisen mitbrachten und bis heute mit diesem Ritual in Verbindung gebracht werden.

In Europa gab es zwar ebenfalls seit vielen tausenden von Jahren immer wieder Kulten und Riten, die das Tattoo für sich nutzten, doch hatte es zur Zeit der Entdeckung der Tatau in unseren Breitengraden eher die Bedeutung eines Malzeichens. So wurden Verbrecher, Huren und Mörder 'gezeichnet', tätowiert, damit - für alle erkennbar - ihre Identität für immer sichtbar war.

Zudem trug Ceasare Lambroso, ein Kriminalpsychiater aus Italien, mit seiner 1876 veröffentlichten Theorie des ‚Homo Delinquens' (Der verbrecherische Mensch), der das Tattoo als Merkmal und Zeichen des geborenen Verbrechers beschrieb und einem zur Schau gestellten primitiven Charakter zuordnete, maßgeblich dazu bei, dass sich dieses Bild im Geiste der Gesellschaft etablierte. Auf der Grundlage seiner Theorien, die von der Existenz des sogenannten verbrecherischen Gens ausgehen und sich unter anderem am Stand der Augen, der Formung des Kinns oder eben entsprechenden Tätowierungen orientiert, sind mehrere 10.000 Menschen zu Unrecht zum Tode verurteilt worden. Teilweise fußen sogar große Teile der Rasseneugenik des Dritten Reiches auf dieser Lehre. Wohin solcherlei menschenverachtende Urteile führen, verrät uns ein Blick in die nicht einmal 100 Jahre zurückliegende Geschichte.

So kommt es, dass in den Köpfen mancher Menschen bis heute das Tattoo etwas Verruchtes mit sich bringt, etwas Primitives, etwas, das Kriminelle und Primitive kennzeichnet, obwohl diese Riten lange Geschichte sind.

Trotz aller Vorurteile und Dogmen, die in weiten Teilen der Gesellschaft das Denken der Menschen bestimmte, war das Tätowieren um die 1890er Jahre beim Hochadel modern. Die Anzahl an tätowierten Frauen der New Yorker Oberschicht lag in dieser Zeit bei 75%. In den europäischen Fürstenhäusern waren nahezu alle Angehörigen tätowiert. Und neben König Edward VII, Zar Nikolaus II. und Prinzessin Marie von Orléans war sogar die berühmte Kaiserin Sissi von Österreich tätowiert. Sie trug einen Anker im Nacken. (5, 6)

und trotz der Tatsache, dass um die 1890er Jahre das Tätowieren beim Hochadel modern war. Sogar die berühmte Kaiserin Sissi von Österreich war tätowiert. Sie trug einen Anker im Nacken.

In der Gegenwart des 21. Jahrhunderts, in der die Zeit immer schnelllebiger, Beziehungen unsteter und Arbeitssituationen unsicherer werden, viel Flexibilität und schnelle Entscheidungen gefordert sind, beansprucht die Tätowierung eher den Status des Konservativen. Denn sie konserviert die Zeit, den Moment, eine Lebenssituation und wird somit zum Symbol der Sehnsucht nach Verlässlichem, nach Stabilität, nach Beständigkeit. Sie bringt ein Gefühl mit sich, das mit dem Einbringen in die Haut etwas Unvergängliches repräsentiert; etwas, das für alle Zeit bestehen bleibt, das der Vergänglichkeit entrissen ist, und somit dem Trend unserer Zeit entgegen wirkt.

(7, 8)

Was zu bedenken ist

Abgesehen von den mitgebrachten Tattoos der Seefahrer, tätowieren wir Menschen uns seit tausenden von Jahren. In allen Kulturen und auf allen Kontinenten der Welt findet man Tätowierungen aus den unterschiedlichsten Gründen: Manche sind in rituellen Zeremonien begründet, manche bezeichnen Stammes- oder Sippenzugehörigkeit und -traditionen, viele haben geistige und spirituelle Bedeutung. Auch Mutproben oder der Übergang von der Jugend zum Mann- und Frausein werden durch das Tätowieren für immer in die Haut eingekerbt. Die Frage ist allerdings nicht, was eine Tätowierung für andere Menschen bedeutet, sondern: Was bedeutet sie *dir*?

Frage dich darum: Warum willst *du* dich tätowieren lassen?

Gehe dieser Frage in Ruhe nach. Höre in dich hinein und hinterfrage deine Motivation, dich überhaupt tätowieren zu lassen. Belese dich, hole dir Inspirationen aus dem Internet oder aus Büchern, von denen es einige sehr gute auf dem Markt gibt. (9)

Die Bedeutung einer Tätowierung auf feinstofflicher Ebene

Tätowierungen haben immer – egal, ob man bewusst dazu einen Zugang hat oder nicht – eine Wirkung auf unser gesamtes Energiefeld, und das nicht nur auf grobstofflicher, sondern auch auf feinstofflicher Ebene. Jedes Tattoo spiegelt einen oder mehrere Aspekte desjenigen wider, der es trägt. Selbst bei mir hat sich in dem anfänglichen ‚Nicht-zufrieden-sein-können‘ über das schrecklichste Tattoo der Welt und der verbrannten Haut, mein Innerstes widergespiegelt. Denn zu der Zeit, als ich mich das erste Mal tätowieren ließ, war ich gerade inmitten einer der schwersten Phasen meines bisherigen Lebens. Ich war extrem unentschlossen, orientierungslos, wusste nicht wohin mit mir, fragte mich, wo ich bleiben soll, war ziellos. Tief in mir hoffte ich auf die Hilfe anderer, hoffte, ‚irgendjemand wird es für mich schon machen‘, gab die Verantwortung meines Lebens an die Hoffnung ab, doch noch von irgendwem gerettet zu werden und krankte an der offensichtlichen Tatsache, dass dies nie der Fall sein wird.

Ich war verletzt, innerlich erschüttert und erfüllt von Schmerz, der sich in meine Seele brannte. All das konnte die ganze Welt – im übertragenen Sinne – auf meiner Haut ablesen. Jedes einzelne Stadium. Auch wenn so gut wie niemand wusste, was geschehen war und ich immer bedeckt oder mit einer Armbinde herumlief.

In Wirklichkeit hat es also nie jemand gesehen, aber theoretisch konnten es alle sehen, da ich es für alle sichtbar auf meinem Körper trug. Darum weiß ich nur zu gut, was es mit einem Menschen macht, gezeichnet bzw. tätowiert zu sein.

Meine seelische Entwicklung verlief parallel zu der Zerstörung und Wiederherstellung meines Armes, bzw. ‚überhaupt Herstellung meines Armes‘, wie ich es vorhin schon einmal nannte. All das, was ich *in* mir trug, hat sich – obwohl es wie eine Verkettung von Missgeschicken und unglücklichen Umständen anmutet – auf meiner Haut und damit in meinem Energiefeld gespiegelt.

Das Tattoo hat mich gezwungen, mir meiner Verantwortung mir selbst und meinem Leben gegenüber bewusst zu werden und diese auch zu übernehmen. Es hat mich gezwungen, mich mit meinen Gefühlen des 'Nicht-zufrieden-sein-könnens', der Orientierungslosigkeit und Zielfindung auseinanderzusetzen und sie zu lösen. Es hat mich für meine Empfindungen und leisen Eingebungen sensibilisiert. Es hat mich aufgeweckt, auch wenn das Erwachen ziemlich brachial und schmerzhaft vonstattenging. Doch welcher Aufwachprozess tut das nicht?
Die Zeit, welche die Heilung und Wiederherstellung auf körperlicher Ebene in Anspruch nahm, nahm sie auch seelisch in Anspruch. Diese Geschichte war demnach eindeutig ein Spiegel meiner seelischen Verfassung.

Es ist also egal, was für immer unter deiner Haut landet – ob nun mit solch einer Geschichte im Hintergrund oder einer anderen - es wird dein Innerstes nach Außen kehren und eine Wirkung auf dich und dein Leben haben. Es wird dich verändern! Darum ist es absolut elementar und lebensweisend, dich zu fragen:

Was will ich mir tätowieren lassen?

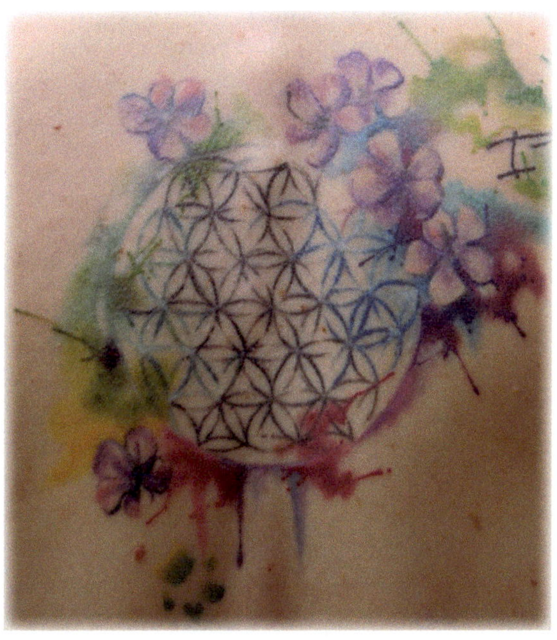

Blume des Lebens, Rücken
Ebenfalls von Valera aus dem Hamburger Tattoo-Studio
Lebenslänglich

Was man sich alles tätowieren lassen kann

Destruktive Motive

Blutverschmierte Totenköpfe, vernarbte Gesichter, denen mit Nadel und Faden der Mund zugenäht ist, abgerissene Gliedmaßen bis hin zu Schattengestalten aus der Anderswelt – all das gibt es. Tätowieren lassen kann man sich alles. Kein Problem. Du wirst, ohne lange zu suchen, einen Tätowierer finden, der dir zu solchen Motiven keine weiteren Fragen stellt. Die Fragen zu ganz eindeutig destruktiven und lebensverneinenden Motiven solltest jedoch *du* dir stellen.

Wie du dir sicher denken kannst, rate ich aus energetischen Gründen dringend davon ab, sich destruktive Motive für immer ins eigene Feld zu ziehen. Die Geister, die man ruft, wird man in diesem Fall nicht wieder los.

Was es langfristig mit einem macht, kann ich zwar im einzelnen nicht genau sagen, da einerseits solcherlei Motive für mich nie in Frage kamen und andererseits die Auswirkungen immer individuell sind; aber jedes Tattoo *wird* Auswirkungen haben - und zwar tiefgreifende und langfristige. Darum schaue dich lange und intensiv um und entscheide mit Bedacht!
In den drei Jahren, die ich in Indien gelebt, Rückführungen in frühere Leben sowie energetische

Clearings geleitet habe, bin ich vielen sehr dunklen Energien begegnet, die ich niemandem ins Leben wünsche. Hat sich ein Mensch jedoch einmal für solch eine dunkle und destruktive Schwingungsebene geöffnet, die dann auch immer entsprechende Wesenheiten und energetische Frequenzen anzieht – was sich auf ganz praktischer Ebene in Form von schmerzhaften Erfahrungen, schlechten Menschen, emotionalem Leid manifestiert – ist es schwer, diese wieder loszuwerden.

Jeder Wissenschaftler weiß heute um das Gesetz der Resonanz. Was wir ausstrahlen, ziehen wir an. Das wird nicht nur von den alten Philosophen gelehrt, sondern heutzutage auch von den fortschrittlichsten Physikern und sogar manchen Hardcore-Materialisten; weil es einfach so ist. (10)

Für Menschen, die nicht energetisch arbeiten, ist es praktisch unmöglich, sich selbst am eigenen Schopf zu packen und aus dem Sumpf dunkler Energien und schmerzvoller Gefühle herauszuziehen. Für geschulte Energiearbeiter ist es machbar, nicht jedoch in allen Fällen.

Psychologen und Therapeuten haben eine Erfolgsquote von gerade einmal 5% bei der Heilung von Depressiven und Abhängigen. Trägt man zudem eine destruktive Tätowierung unter der Haut, die immer wieder lebensverneinende Gefühle, entweder in dem Träger selber oder aber in den jeweiligen Betrachtern auslöst, mit denen man zwangsläufig konfrontiert ist, wird es bald unmöglich, sich von gewissen herunterziehenden Assoziationen und ihnen anhaftenden, destruktiven Strömungen nachhaltig zu befreien.

Ein kurzer Einwurf

Eine etliche Jahre zurückliegende Studie hat belegt, dass es immunsuppressiv wirkt, sich Filme anzuschauen, die Mord, Totschlag, Krieg und Horror beinhalten. Besucher von Kinos wurden als Probanden dieser Studie angeworben und es zeigte sich eindeutig, dass ein neunzigminütiger Film mit schrecklichem Inhalt das Immunsystem bis zu 80% schwächt! Das erklärt auch, warum unglückliche Menschen eher krank werden, mehr Schmerzen haben und weniger lange leben als glückliche. Die entsprechenden Glückshormone und immunstärkenden Neurotransmitter werden bei glücklichen Menschen in höherem Maße ausgeschüttet als bei unglücklichen; somit sind die Selbstheilungskräfte des eigenen Körpers bei glücklichen Menschen um ein Vielfaches stärker und stabiler.
Stell dir nun vor, du hast nicht nur 90 Minuten, sondern ein Leben lang Symbole für Mord, Totschlag, Schmerz und Horror unter der eigenen Haut auf deinem Körper. Diese Motive werden ihre Wirkung ebenso wenig verfehlen, wie der neunzigminütige Film.

Mein missglücktes Tattoo war wie ein destruktives Motiv, darum hatte es in der Intensität, Tragweite und den Auswirkungen auf mein persönliches Leben auch so eine grundlegende Bedeutung. Ich war in dieser Zeit nicht nur völlig blockiert in der Kontaktaufnahme zu anderen Menschen, sondern das Tattoo hat mich auch daran gehindert, überhaupt jemanden kennenzulernen; und das nicht nur, weil ich mich mit dieser Geschichte nicht lächerlich machen wollte, sondern weil ich einfach – umgangssprachlich würde man sagen – energetisch ‚down' war. An einen Aufbau einer eventuellen Beziehung war überhaupt nicht zu denken, denn ich habe niemanden an mich herangelassen, so intensiv war das mich herunterziehende und abstoßende Gefühl mir selbst und meinem eigenen Körper gegenüber, das alles untermalte.

Mal davon abgesehen, dass diese eineinhalb Jahre eine gute Zeit für mich waren, alleine zu sein, so hat dieses Tattoo wirklich tiefgreifende Auswirkungen auf die Art und Weise gehabt, wie ich mich in der Gesellschaft bewegte. Der ganze Rückzug, der über all die Monate stattgefunden hat, war maßgeblich von der Geschichte meines Armes und dieses verhunzten Tattoos gesteuert.

Selbst wenn nicht alle das Tattoo so schrecklich fanden wie ich, *ich* fand es schrecklich, und das war eben ausschlaggebend. Dass andere Menschen dein misslungenes Tattoo vielleicht gar nicht so schlimm finden, ist völlig gegenstandslos, wenn du selbst es anders empfindest und wahrnimmst.

Wenn man wirklich etwas unter der Haut trägt, das destruktiv auf einen wirkt, so hat das elementare Auswirkungen auf das Leben und auf alles, was man macht, auf die gesamte Art und Weise, wie man seinem Leben, der Gesellschaft und anderen Menschen entgegentritt. Zudem hängt die ganze Zeit, wie ein Damoklesschwert, die entscheidende Frage über einem, ob dieser destruktive Herd, also das Tattoo, überhaupt jemals korrigiert werden kann oder nicht.

Im Grunde weiß man es nicht, bis das neue Cover Up gestochen und am Ende wirklich gut geworden ist. So lange kann man sich nicht sicher sein, ob doch alles irgendwann mal wieder besser wird. Denn auch in allerletzter Instanz kann der Tätowierer das Cover Up so ‚verreißen‘, dass es einem wiederum nicht gefällt. Vielleicht ist man dann doch gefragt, am Ende mit einem Kompromiss zu leben, aber eben nicht mit dem Gefühl, ein schönes Tattoo zu haben, dass man gerne zeigt; sondern mit etwas, womit man leben muss.

Die angeblich Zuständigen aus dem ersten Hamburger Tattoo-Studio, in dem ich war und die den Mickey-Mouse-Tätowierer beschäftigten, meinten, sie könnten mir ein Cover Up anbieten, damit ich wenigstens ‚damit leben könne‘. Das war nie meine Intention. Es war nie meine Intention, mich mit einem Kompromiss zu arrangieren. Das kam für mich nicht in Frage.

Wenn ich tätowiert bin, dann muss das gestochene Motiv wirklich so schön sein, dass ich es gerne trage und auch gerne zeige; es muss ein Tattoo sein, gegenüber dem ich nicht einmal im Ansatz irgendwelche ‚Bad Feelings' hege.

All das musst du wissen. Ich wiederhole mich hier einige Male, einfach weil ich die Erfahrung gemacht habe, wie tiefgreifend eine solche Geschichte sein kann und wie weit eine Tätowierung ins eigene Leben eingreift. Darum kann ich sicher sagen, dass auch anders herum – wenn eine Tätowierung gut geworden ist und wenn man sie schön findet - es eine genauso intensive Wirkung hat, auch wenn sich diese Wirkung auf eine ganz andere Art und Weise im Leben entfaltet.

Das heißt: Die Tiefe der Auswirkungen einer Tätowierung ist nicht zu unterschätzen. Dein Tattoo *wird* Wirkung haben - auf dein ganzes Leben und im Zweifelsfall auf dein ganzes Sein.

Vielleicht ist es nicht bei jedem einzelnen so intensiv der Fall wie bei mir, aber du musst damit rechnen, dass es dir so ergehen *kann*, auch wenn du es dir jetzt im Vorfeld nicht vorstellen kannst. Ich konnte es mir im Vorfeld auch nicht vorstellen. Ich weiß aber *jetzt*, wo ich diese Erfahrung hinter mir habe und selbst Betroffene war, wie gravierend und lebensprägend es ist, sich ein Tattoo unter die Haut stechen zu lassen. Unterschätze das nicht!

Konstruktive Motive

Wer das Kapitel ‚Destruktive Motive' gelesen hat, kann sich nun vorstellen, was in dem Kapitel ‚Konstruktive Motive' geschrieben steht. So ziemlich das Gegenteil von dem, was in den vorangegangenen Ansätzen ausgeführt wurde.

Konstruktive Tätowierungen haben natürlich ebenfalls eine entsprechende Wirkung auf dein Feld und es sei geraten, ein Motiv zu wählen, das dich erfreut, dein Gemüt erhellt, das du dir gerne anschaust und das Schönheit, Zartheit, Liebevolles und Lebensbejahendes ausstrahlt – eben all die Dinge, die dein Gemüt erhellen und deine Stimmung heben. Blumen, Ornamente, Herzen, Schmetterlinge – was immer es sein mag - Konstruktives eben. Dinge, die Emotionen auslösen, die dem Leben zuträglich sind. Auch diese Gefühle werden langfristig in deinem Leben wirken und sich manifestieren.

Spirituelle Motive

Spirituelle Symbole findet man auf der ganzen Welt, in allen Kulturen und Nationen. Sie werden genutzt, um das spirituelle Wachstum zu fördern und das Energiefeld zu stärken. Meist sind sie aus Schriftzeichen entstanden, die einen ganzen Bedeutungskomplex beinhalten. So steht zum Beispiel der Lotus für das spirituelle und geistig-seelische

Erwachen sowie alles, was damit zu tun hat, dazu führt und daraus resultiert.

Erwachen ist das Kernthema des gesamten Buddhismus und Hinduismus. Um das Thema ‚Erwachen‘ geht es auch in Teilen des Christentums und dem Taoismus, dem Zen und vielen anderen fernöstlichen Religionsphilosophien und –weisheiten, mit denen man ganze Bibliotheken füllen kann.

Die Blume des Lebens zum Beispiel steht dagegen für die Einheit allen Lebens, materiell, immateriell, weltlich und universell. Es gibt ganze Filme über dieses eine Motiv. Googled es oder sucht danach bei Youtube. Spirituelle Motive sind also immer Symbole mit mannigfachen Aussagen und vielschichtigen Bedeutungskomplexen.

Spirituelle Symbole auf der Haut zu tragen ist in vielen Kulturen und Gruppierungen Brauch. Sie können helfen, das jeweilige Bewusstsein, das sie ausdrücken, im eigenen Feld und im eigenen Geist zu etablieren und zu stärken. Es gibt etliche spirituelle Symboliken, die dir auf deinem Weg zu spirituellem und geistigem Erwachen hilfreich und nützlich sein können. Aber auch, um die Frequenz deines Bewusstseins anzuheben und die Bedeutung dieses Motivs nahe zu dir zu holen und einfach im Stillen wirken zu lassen. Schaden wird dir solch ein Tattoo sicher nicht.

Auch die persönliche Bedeutung eines Motivs kann etwas sehr Mystisches und nachhaltig Wirksames sein. So kann ein Anker für die Heimat stehen, wenn es der Norden oder die Küste ist. Das Motiv kann einen Menschen mit all den Gefühlen, die damit zusammenhängen, für immer verbinden und sie in sein Bewusstsein holen. Dasselbe gilt für die ostfriesische Teekanne, die ggf. wohlig warme Gefühle des Geborgenseins und des Zuhauseseins wachruft, wenn sie denn an diese Emotionen gekoppelt ist. Alles schon gesehen.

Erwecken persönliche Motive gute Gefühle, dann sind sie in die Kategorie der ‚konstruktiven Motive' einzuordnen. Erwecken sie dunkle, schmerzliche Gefühle oder verbinden dich mit Verlust und Trauer, fallen sie eher in die Kategorie der destruktiven Motive.

Willst du unbedingt einen Menschen, ein Tier oder eine gewisse Erfahrung in Erinnerung behalten, oder dir eine Lebensphase vergegenwärtigen, die Schmerz und Verlust verursachte und dich fürs Leben gezeichnet hat, dann überlege, ob es einen Weg gibt, die lichten und hellen Seiten - zum Beispiel die daraus gewonnen Erkenntnisse - eher hervorzuheben, als den von ihnen verursachten Seelenschmerz, den du dir automatisch jedes Mal zurückholst und erneut manifestierst, wenn du deine Tätowierung siehst, in den Spiegel schaust oder durch andere damit konfrontiert wirst. Denn ob das so förderlich für das eigene Seelenheil ist, wage ich zu bezweifeln.

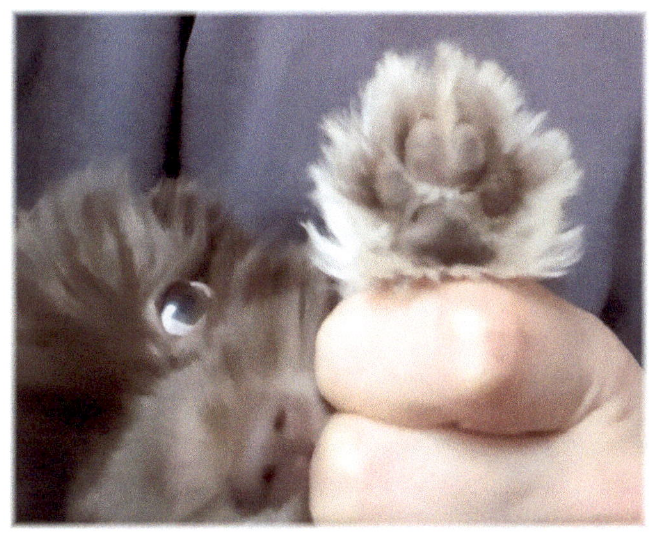

Auch so kann eine Vorlage aussehen, wenn das Modell nicht stillhält …

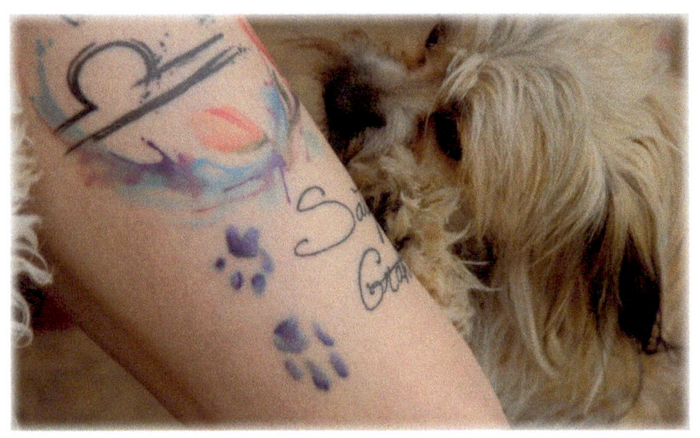

... und so das Tattoo.

Ergänzung im Zuge des Touch-Ups, Juni 2018

Die Auswahl des Tätowierers

Für die ganz Feinfühligen unter euch: Seid euch bei der Wahl des Tätowierers darüber im Klaren, dass ihr mit diesem Menschen, durch euer Tattoo, in gewisser Hinsicht für immer verbunden sein werdet. Dadurch, dass der Tätowierer sich selbst einbringt - und das nicht nur durch eventuelle Inspirationen und Ideen, sondern vor allem dadurch, dass euer Tattoo *durch* diese Person unter eurer Haut landet - tragt ihr energetisch diesen Menschen immer ein Stück weit mit euch.

Wer für diese feinen Ebenen empfänglich ist, sollte bei der Auswahl des Tätowierers nicht nur darauf achten, dass diese Person fachlich gute Arbeit leistet, sondern dass sie zudem eine Ausstrahlung hat und ihr zueinander eine Wellenlänge, die man gerne im eigenen Feld haben möchte. Ist dies nicht der Fall, dann lasst – auch bei noch so fachlich guter Arbeit – lieber die Finger davon. Hört auf euer Bauchgefühl, das euch schon sagen wird, ob es richtig ist, was ihr tut und ob derjenige, der vor euch steht, der passende Tätowierer ist. Denn hat man einmal das Tattoo gestochen, über das man für alle Zeit miteinander verbunden sein wird, ist das Gefühl des Unglücklichseins und der Abneigung ebenso unmöglich wieder vollständig aus den unterschiedlichen Energiekörpern zu entfernen, wie das Tattoo von der Haut.

Erst denken, dann handeln!

Überlege dir also GUT, mehrmals und immer wieder, was du dir stechen lassen willst. *Lasern ist keine Lösung!* Lasern kann höchstens als Vorlage für ein Cover Up dienen. Und die Betonung liegt auf ‚kann‘. Auch das Lasern kann schief gehen. Verabschiede dich also von dem Gedanken, eine Tätowierung wieder loszuwerden, denn das wirst du in 99% der Fälle nicht. Gehe davon aus, dass auch der modernste Laser, der heute auf dem Markt ist, dies nicht bringen kann. Das ist einfach ganz und gar unmöglich.

Solltest du zu den wenigen Glücklichen gehören, deren Hautstruktur, Tattooqualität und Farbintensität so geartet ist, dass sich deine Tätowierung doch rückstandslos entfernen lässt, hast du einfach Glück gehabt. Darauf bauen solltest du allerdings nicht.

Wofür du dich auch immer entscheiden magst, sei dir bewusst, dass dich die Korrektur gegebenenfalls viele Monate, wenn nicht sogar einige Jahre deines Lebens kosten kann.

Dein Tattoo *wird* Auswirkungen auf dich, dein Energiefeld und damit dein Leben haben. Sei dir darüber im Klaren – egal, ob du daran glaubst oder nicht; egal, ob du energetisch arbeitest oder überhaupt an diese Art der Arbeit glaubst – dein Energiefeld interessiert das wenig. Du wirst zwangsläufig anziehen, was du ausstrahlst. Und wenn deine Tätowierung entsprechende Gefühle in dir wachruft, immer und immer wieder, wird sich dein Leben entsprechend deiner inneren geistigen und emotionalen Haltung konfigurieren. Darum wird deine Tätowierung auch dein Leben verändern! Nimm dir also für deine Entscheidung viel Zeit.

Und noch einmal: Es bringt gar nichts, wenn dein Tattoo anderen gefällt, dir aber nicht. Andere können viel erzählen. Auch mir wollten einige Leute erzählen, wie ich meine Tätowierung finden soll, dass sie doch gar nicht so schlimm sei, dass es ohnehin Schlimmeres gibt und ich mich nicht so haben soll. Alles schön und gut; es ändert jedoch nicht im Geringsten etwas an den eigenen, persönlichen, tiefen Empfindungen dem eigenen Körper und damit der eigenen Tätowierung gegenüber. Lass dich also nicht bequatschen! Höre ganz allein auf dich selbst.

Guck dir indessen deine Skizzen und deine Entwürfe immer wieder an. Bitte notfalls deinen Inker um Rat und entwerfe zusammen mit ihm oder ihr eine Vorlage. Bezahle lieber eine Arbeitsstunde mehr für das Erstellen einer guten Vorlage, als dir das Geld zu sparen und auf gut Glück zum ersehnten Termin zu fahren – so wie ich. Hier sparst du definitiv an der falschen Stelle. Schaue dir die Vorlage so oft wie möglich an. Wenn du sie auch nach dem 100sten Mal noch gut findest, dann leg' los. *Aber wirklich erst dann!* Google so viele Tattoos, wie du dir anschauen kannst! Gehe auf Bildersuche und studiere die unterschiedlichen Stile. Wenn du ein Tattoo gefunden hast, das dir gefällt, dann schaue, wer es gestochen hat.

Lasse dich nicht abschrecken, sollte das Studio und der Tätowierer, der dir entspricht, etwas weiter weg sein. Ich wohne auch nicht in Hamburg, sondern in Mecklenburg-Vorpommern, und nehme zu jeder Sitzung gerne die 220 km Anfahrtsweg in Kauf, die nun einmal zwischen dem Hamburger Studio Tattoo Lebenslänglich und dem Alten Jagdhaus liegen.

Und dann – wenn es tatsächlich geklappt hat, du dir ein Motiv ausgesucht und den passenden Inker gefunden hast, losgefahren bist, alle Strapazen und Schmerzen auf dich genommen hast und dir dein Tattoo gefällt – gibt es kaum etwas Geileres! Tätowieren ist ein Erlebnis und verändert einen Menschen nachhaltig. Es verändert das Leben, weil man hinterher nie wieder so sein wird wie vorher. Darum sorge selbst dafür, dass deine Erfahrung eine positive sein wird und treffe keine vorschnellen Entscheidungen.
Das Leben ist manchmal doch länger, als es scheint und du kannst dir nicht vorstellen, wie lang die Zukunft sich anfühlen kann, wenn man vor der Situation steht, mit einer Tätowierung herumlaufen zu müssen, für die man sich schämt und die man für den Rest seiner Tage am liebsten verstecken möchte. Dann scheint die relativ kurze Zeit, die uns hier auf Erden gegeben ist, beinahe unendlich. Sorge dafür, dass dies nicht der Fall sein wird!

Möge deine Erfahrung bei deinem Wunsch-Inker eine erhellende sein; möge dir dein Tattoo Seelenfrieden, Glück und Zufriedenheit bringen. Möge es dich dir

selbst näher bringen und dazu beitragen, dass du dich
noch besser, lichtvoller und heiler fühlst.

Ich wünsche dir alles Gute!

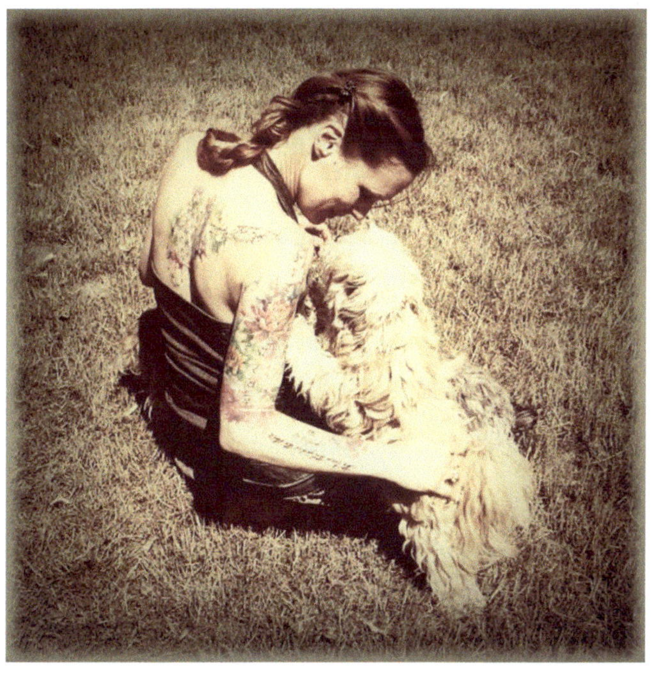

Im Alten Jagdhaus

Glossar

(1) Endlich Ohne – endlich-ohne.de -
Tattooentfernung

(2) Tattoo Lebenslänglich Hamburg, Winterhuder
Weg 116, 22085 Hamburg, 040 84501332 – auch
vertreten in Essen und Gelsenkirchen

(3) Bolonka Zwetna Hundezucht aus dem Alten
Jagdhaus, rund-um-hunde.jimdo.vom

(4) Hair – Alles über alternative Haarpflege by
Antonia Katharina Tessnow

(5) Margot Mifflin: Bodies of Subversion. A secret
History of Women and Tattoo, 2013

(6) Süddeutsche Zeitung: Das Tattoo – Phänomen der
Oberschicht

(7) Bidlo – Tattoo, Die Einschreibung des Anderen

(8)   Youtube.de – Ceasare Lombroso und das
Verbrecher-Gen / PrognostikOliver

(9) Buchempfehlungen:

- Oliver Bidlo – Tattoo, Die Einschreibung des
Anderen

- Brain Tattoos: Du bist, was du denkst

- Spiritual Skin – Magical Tattoos and Sacrification:
Wisdom. Healing. Shamanic Power. Protection.

- Weißt Du, was Du mit Dir trägst? -
Entscheidungshilfe für Tattoo und Motiv

(10)   Dokumentation: Das Gesetz der Resonanz,
Youtube

*

*Das Durchschnittliche
gibt der Welt ihren Bestand,
das Außergewöhnliche
ihren Wert.*

Oscar Wilde

*

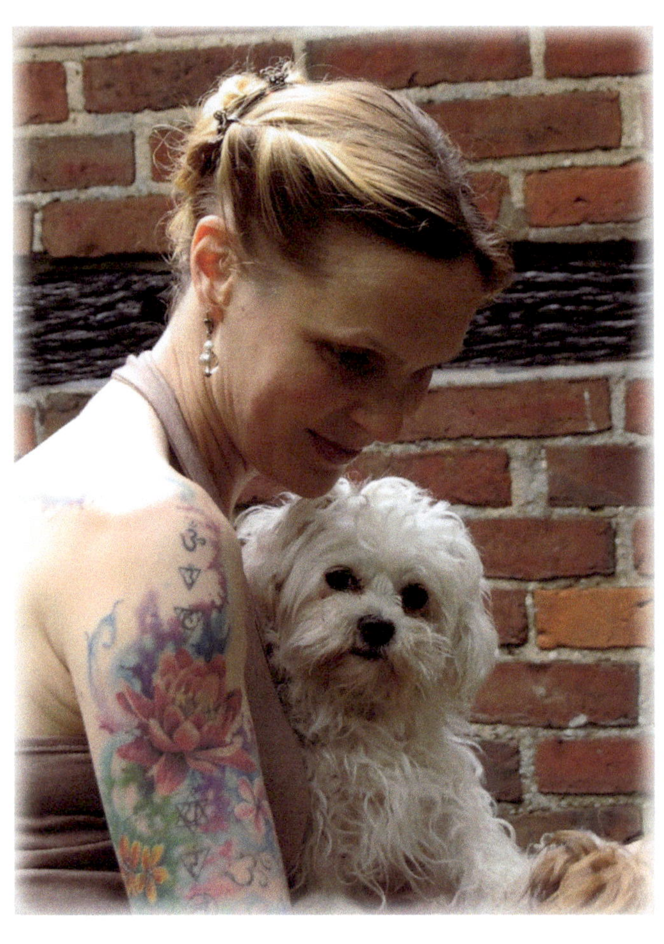

*Antonia Katharina Tessnow
aus dem Alten Jagdhaus*

Juni 2018

90

Über die Autorin:

Antonia Katharina Tessnow, geboren 1975 in Berlin, absolvierte nach Beenden der Schule ihren High-School-Abschluss in den USA. Nach einem einjährigen USA-Aufenthalt kehrte sie nach Deutschland zurück und arbeitete viele Jahre hauptberuflich als Berufsreiterin. Mit 22 wechselte sie in einen Sportstall nach Schleswig-Holstein, in dem sie sich auf die Dressur spezialisierte und Pferde aller Klassen trainierte und ausbildete. Mit 24 wechselte sie ins Berliner Olympiastadion und arbeitete dort 6 Jahre als Landesverbandstrainerin des modernen Fünfkampfes in der Disziplin Springreiten. Berufsbegleitend studierte sie Heilpraktik, Tierheilpraktik und ganzheitliche Psychologie und besuchte eine dreijährige Fortbildung am Institut für Emotionale Prozessarbeit.

Mit 30 verließ sie den Reitsport, ging an eine Uniklinik nach Sri Lanka und erwarb dort ihre internationale Heilerlaubnis. Es folgten 3 Jahre, in denen sie zwischen Indien und den USA hin- und herpendelte, psychoenergetische Sitzungen und Rückführungen in frühere Leben leitete und sich weiterbildete.

Antonia Katharina ist Doctor of Holistic Medicine und Psychology, hat sich umfassend mit alternativen Heilweisen befasst, wozu auch der therapeutische Einsatz von Musik gehört und besuchte Kurse von dem führenden Reinkarnationstherapeuten Trutz Hardo. Im Laufe ihres Indienaufenthaltes spezialisierte sie sich auf psychoenergetische und musikalische Heilarbeit, Reinkarnationstherapie und Pflanzenheilkunde.

Seit 2009 lebt sie wieder in Deutschland und widmet sich seitdem nicht nur ihrer künstlerischen, heilpraktischen und schriftstellerischen Arbeit, sondern setzt sich auch intensiv mit dem Thema Hunde auseinander - vorrangig der Rasse Bolonka Zwetna.

Neben dem Schreiben von Büchern, der Pflege rund um ihre Hunde und ihrer heilenergetischen Arbeit, die sie seitdem weiter vertiefte, absolvierte sie eine Zusatzausbildung zur Hundefriseurin und besuchte diverse Weiterbildungen zum Thema Haltung, Zucht und Tierkunde. Heute lebt Antonia Katharina am Rande eines Dorfes in Mecklenburg-Vorpommern und betreibt die kleine Rassehundezucht der 'Zarenhunde aus dem Alten Jagdhaus'.

Webseite zum Buch:

***

tattoo-spirit.com

*weitere Tipps, Informationen und Bilder
rund ums Thema Tattoo – Laser – Cover Up
Motive, Lektüre, Inspirationen und mehr*

***

Webseite der Autorin:
www.antonia-katharina.de

***

Weißt Du,
was Du mit Dir trägst?

Eine Entscheidungshilfe für Tattoo und Motiv

Was für Wirkungen auf Dich und welche Auswirkungen auf Dein Leben kann eine Tätowierung haben? Wie weitreichend können Veränderungen, wie tief Seelenschmerzen sein, die eine unbedachte Tätowierung möglicherweise mit sich bringt? Wie wichtig sind die Auswahl des Motivs und des Tätowierers?

Antonia Katharina Tessnow ging durch die dunkle Erfahrung einer vorschnellen Entscheidung und obendrein eines schlecht gestochenen Tattoos. Fast zwei Jahre ihres Lebens kostete sie die Wiederherstellung ihres Armes, für den sie sich täglich schämte. Ihre Leidensgeschichte beschrieb sie in dem ersten Teil des Buches 'Tattoo - Laser - Cover Up - Wenn der Traum zum Albtraum wird'. Für alle, die hoffentlich nicht vor dem Lasern und Covern stehen, sondern vor der einmaligen Entscheidung zu einer neuen Tätowierung, veröffentlicht sie nun den erweiterten und überarbeiteten zweiten Teil und bietet damit allen Tattoo-Freudigen einen Ratgeber und eine Entscheidungshilfe.

‚Frage Dich, was Du mit Dir tragen willst, bevor Du Dir mit einer falschen Entscheidung eine Bürde auflastest, die Du zu tragen nicht vermagst.‘

Die Botschaft der Tiere

Der Weg zurück zu uns selbst

Ein Wegweiser durch unsere Zeit

Es ist ganz und gar möglich, den Weg nach Hause zu finden. Wir brauchen nicht zu warten, bis wir diese Welt verlassen und zurück in unsere Seelenheimat gehen, um in den ewigen Gefilden Frieden und Liebe zu erleben. Wir können uns unser Zuhause, das Paradies, auch hier auf der Erde, auf diesem Planeten erschaffen. Es ist tatsächlich möglich, uns in ein neues, anderes Bewusstsein hineinzuentwickeln, von dem nicht nur die heiligen Schriften und die Erleuchteten im Laufe unserer Erdgeschichte berichtet haben, sondern von dem uns auch die Tiere erzählen, indem sie es uns Tag für Tag vorleben.

Wir Menschen können noch umkehren. Wir müssen diese Welt nicht zerstören. Es muss nicht alles so weitergehen wie bisher. Es ist möglich, den Weg zurück ins Paradies zu finden, doch können ihn uns nur diejenigen weisen, die ihn kennen.

Wenn wir den Tieren erlauben, uns den Weg zu weisen, werden wir ihn finden. Wenn wir ihre Botschaft ernstnehmen, sie verinnerlichen und versuchen, sie zu entschlüsseln, werden wir sie verstehen. Die Tiere haben das Paradies nie verlassen. Wer, wenn nicht sie, könnten uns diesen Weg weisen?

Kommunikation mit Tieren

ein Essay

Tierkommunikation ist keine Kunst, die nur wenigen Auserwählten vorbehalten ist, sondern eine Fähigkeit, die in jedem von uns schlummert und uns allen innewohnt. Es ist nichts, was man lernen muss, sondern es ist etwas, woran man sich erinnern kann, wenn man dafür bereit ist. Dieses kleine Büchlein beschreibt in kurzen, aufeinander aufbauenden Abschnitten die Kommunikation mit Tieren. Es soll dabei helfen, sich an seine ursprünglichen Fähigkeiten zu erinnern und sie wieder nutzbar zu machen; es soll ein Wegweiser sein und zeigen, dass jede Begegnung eine Aufgabe für uns bereit hält, für die es immer eine Lösung gibt und an der wir wachsen können. Alles hat einen Sinn und es lohnt sich, darauf zu vertrauen. Selbst wenn wir ihn manchmal nicht gleich verstehen.

Textauszug: 'Jede Kommunikation ist individuell. Jede Verbindung, jedes Karma einmalig. Manchmal sind die Tiere überhaupt erst dafür da, um dem Menschen die gefühlte, intuitive Wahrnehmung und Kommunikation zu erschließen. Es ist ein Gewinn für alle, wenn der Mensch beginnt, eine Verbindung zu seinem Tier und damit zu sich selbst herzustellen, sich seinen Themen und deren Botschaften zu öffnen und von ihnen zu lernen. Wenn du dazu bereit bist, das Tier in seiner Ganzheit zu erkennen und als gleich-wertig zu schätzen, wenn du dich auf dein Ganz-Sein einlässt und dem Tier genauso erlaubst, es selbst zu sein, wie es das Tier dir erlaubt, dann entsteht wahre Verbundenheit. Wenn du über die weit verbreiteten Trainingsmethoden der Dominanz und der autoritären Kontrolle hinauswächst und dich dem tieferen Sinn einer Begegnung zuwendest, wenn du versuchst zu erkennen, was dein Gegenüber dir beibringen will, dann beginnt die Kommunikation mit deinem Tier.'

Bolonka Zwetna

*Von der Empfindsamkeit der Hundeseele
und der Liebe, die sie schenkt*

**Der Nr. 1 Bestseller in amazon in der Kategorie
'Hunde'**

Dieser kleine Ratgeber soll nicht nur zum allgemeinen Verständnis der Beziehungen von Hunden zu uns Menschen beitragen, sondern vor allem den Menschen in seiner Seele berühren. Neben kurzen Überblicken über Rassestandard, Ernährung, Fellpflege und Haltung führt die Autorin den Leser in die facettenreiche Welt der Hundeseele, die voll tiefer Empfindsamkeit ist und niemanden unberührt lässt, der die Fähigkeit besitzt, zu fühlen.

Antonia Katharinas Liebe gilt seit jeher den Tieren. Viele Jahre war sie hauptberuflich in der Reiterei tätig bevor sie Heilpraktik, ganzheitliche Psychologie und Tierheilpraktik studierte. Seitdem widmet sie ihr Leben den Kleinhunderassen im Allgemeinen und dem Bolonka Zwetna im Speziellen. Neben ihrer schriftstellerischen, musischen und tierheilpraktischen Arbeit hat sie sich auf die Auftragsmalerei von Tierfotos spezialisiert und betreut ihre kleine Rassehundezucht der 'Zarenhunde aus dem Alten Jagdhaus'.

Die Hundezucht 'aus dem Alten Jagdhaus'
präsentiert sich unter

bolonka-zucht.de

Bolonka Zwetna Terminplaner

Ob Beagle, Yorkshire, Pudel oder Mops; Dackel, Terrier, Schnauzer oder Schoßhund - dieser Kalender spricht Kleinhunde aller Rassen an. Mit kurz umrissenen Themen sowie berührenden Hundehoroskopen gibt er nicht nur konstruktive Ratschläge zu den alltäglichen Bedürfnissen ihres Lieblings, sondern verleiht auch einen Einblick in die Seele und das innerste Lebenserlebnis dieser wundervollen Wesen, die ein jedes Leben um ein vielfaches bereichern.

Einführung: Jeder Mensch, der sich Hunden verbunden fühlt, spürt in sich meist auch eine tiefe Verbindung zur Natur, denn die Vierbeiner tragen einen großen Teil dazu bei, dass wir Hundemenschen uns viel draußen aufhalten, dem Wind und Wetter trotzen und auch unter widrigsten Umständen das Haus verlassen. Dieser Kalender soll dazu beitragen, dass sich das wunderbare Gefühl der Naturverbundenheit noch weiter vertieft. Aus diesem Grunde wird hier nicht nur auf die neu-christlichen, sondern auch auf die alten, keltischen Feiertage zurückgegriffen und damit auf uraltes Wissen, das aus einer Zeit hervorging, in der sich die Menschen noch als ein Teil der Natur wahrnahmen.
Des Weiteren sind die Mondstände in den einzelnen Zeichen angegeben, die Sonnenzeichen, d.h. die Sternzeichen, vermerkt und 12 kleine Themen umrissen. Es ist jeweils der genaue Tag des Übertritts der Sonne in das neue Zeichen angegeben, wie er in den Sternzeitberechnungen angegeben ist und der von Jahr zu Jahr ein klein wenig variieren kann. Möge dieser Kalender jedem Hundebegeisterten ein paar neue Einblicke geben, sowohl in den praktischen Umgang mit dem Hund, als auch in die Seele dieser wundervollen Wesen, die ein jedes Leben um ein Vielfaches bereichern.

Madras

Zauber der Palmblätter

Die Palmblattbibliotheken: Tausende Jahre alt und bis heute ein ungelöstes Rätsel. Das Geheimnis dieses Ortes ist das Thema dieses Buches. Die Geschichte dreht sich um eines der größten Rätsel der Menschheit.
Eine Reise führte mich dort hin. Ich habe meine kleine Heimatstadt verlassen um der sagenumwobenen Legende auf den Grund zu gehen, die besagt, dass dort alle Lebensgeschichten aller Menschen niedergeschrieben sind; allerdings nur von denjenigen, die sich aufmachen, um danach zu suchen.
Eben das habe ich getan.
Und dies ist es, was ich gefunden habe.

Dieses Buch
liegt in deutscher und englischer Fassung vor.

Menschen, die dieses Buch gelesen haben:

"Ein interessantes Buch. Wer will, findet die Antwort auf die Frage: Wie viele Leben hat ein Mensch?"
Günther Prinz, Publizist, ehemaliger Chefredakteur der 'Bild', Deutschland

"Da steht also mein ganzes Leben auf einem Palmenblatt in Madras. Dieses Buch hat mein Verständnis von Raum und Zeit grundlegend verändert."
Fritz Bloomberg, Ex-Vizepräsident Burda Media, New York

"Ein außergewöhnliches Lesevergnügen, das meine Sicht auf die Welt verändert hat."
Gregor Tessnow, Schriftsteller und Drehbuchautor

HAIR

Alles über alternative Haarpflege

HAIR - Alles über alternative Haarpflege, ist ein heilpraktisches Sachbuch. Es gibt in den einleitenden Kapiteln einen Überblick über die Inhaltsstoffe in herkömmlichen Shampoos und Duschgels und wie schädlich synthetisch hergestellte Chemikalien in der täglichen Anwendung auf Haut und Haaren sind. Des Weiteren wird auf die Langzeitschäden eingegangen, die sich durch den dauerhaften und wiederholten Kontakt mit diesen Chemikalien ergeben können.

Der Hauptteil des Buches zeigt Alternativen zu herkömmlichen Produkten auf, die leicht umzusetzen und anzuwenden sind. Es wird auf komplizierte Anwendungstechniken verzichtet und ganz gezielt die Einfachheit der Methoden betont und in den jeweiligen Anwendungsbeschreibungen dargelegt. Alle alternativen Methoden zur Haut- und Haarreinigung sind von mir persönlich im Selbstversuch getestet, für jeden Interessierten leicht nachvollziehbar und die entsprechenden reinigenden Substanzen leicht erhältlich.
Im letzten Teil des Buches wird auf die Lebensweise, die Ernährung, Öle, Haarbürsten und Tipps und Tricks eingegangen, die langfristig und nachhaltig für gesunde und volle Haare sowie für gesunde, vitale und frische Haut sorgen.

Ziel dieses Buches ist es, das Bewusstsein für den Umgang mit unserem Körper, unserer Umwelt und damit unserer Gesundheit zu schärfen.

Kelten Kalender

Terminplaner
mit Baumkreis und Mondstand

jedes Jahr neu!

Das Keltentum ist seit jeher Quelle geistiger und seelischer Inspiration. Jeder, der sich zu der Geschichte, den Philosophien und der Lebensweise unserer Urahnen hingezogen fühlt, spürt in sich meist auch eine tiefe Verbundenheit mit der Natur. Immer mehr Menschen spüren eine große Sehnsucht nach eben dieser Verbundenheit, die über die Jahrhunderte hinweg, durch Überlagerung moderner Glaubenssätze, verloren ging.
Dieser Kalender soll dazu beitragen, dass das wunderbare Gefühl der Naturverbundenheit wieder zum Leben erwacht und sich weiter vertieft. Aus diesem Grund wird hier auf die alten keltischen Feiertage und den keltischen Baumkreis zurückgegriffen und damit auf uraltes Wissen, das aus einer Zeit hervorging, in der sich die Menschen noch als einen Teil der Natur wahrnahmen. Möge dieser Kalender ein wenig von dem alten, geheimnisvollen Wissen unserer Urahnen wachrufen und in unsere Erinnerung zurückholen; und wir damit in der Lage sein, das ursprüngliche Wissen unserer Vorväter, der Kelten, anzuzapfen.

Stille Nacht, Heilige Nacht

Erinnerungen an einen Heiligen Abend
in den letzten Tagen des zweiten Weltkriegs

eine Kurzgeschichte

Diese Geschichte
liegt in deutscher und englischer Fassung vor.

Über das Buch:

1943. Es ist Weihnachten. Schon damals schrieben Kinder Tagebücher, um die unfassbaren Erlebnisse, die in Worten kaum wiederzugeben sind, festzuhalten. Die ältere Schwester von Antonia Katharinas Mutter ist neun Jahre alt, als sie durch ihre kindlichen Augen die Ereignisse einer Nacht beschreibt, die tiefe Eindrücke hinterlassen und niemanden unberührt lassen. Eine wunderbare Erinnerung daran, in was für friedlichen Zeiten wir heute leben dürfen.

Über die Autorin:

Antonia Katharina Tessnow ist die Tochter einer ehemals ostpreußischen Familie, die nach dem ersten Weltkrieg nach Deutschland kam. Ihre Großeltern ließen sich in Berlin nieder, mussten jedoch aus der Stadt fliehen, nachdem ihr Wohnhaus im letzten Jahr des zweiten Weltkrieges zerbombt und komplett zerstört wurde. Viele Jahre später kehrten sie nach Berlin zurück. Obwohl Antonia Katharina dort geboren ist, fühlte sie sich in dieser Stadt jedoch nie heimisch. Heute lebt sie auf dem Lande am Rande der Mecklenburgischen Schweiz.

Astro Kalender

Planetenumlaufbahnen, Mondstände und Blanko-Chart für das eigene Horoskop

jedes Jahr neu!

Der Astro-Kalender dient als Wegweiser durch das Jahr und spricht nicht nur Astrologen, sondern auch alle Naturverbundenen an, die zu den Gezeiten und dem Umlauf der Gestirne eine Verbindung spüren. Somit dient dieser Kalender sowohl Hobby- als auch professionellen Astrologen, die in ihrer Arbeit auf die Planetenstände und Sternzeitberechnungen der Ephemeriden zugreifen, als Leitfaden durch das Jahr. Zu Beginn ist ein Blanko-Radix eingefügt, um die persönlichen Sternstände oder ein entsprechendes Wunsch-Horoskop eintragen zu können. Weiterführend sind die Verläufe der einzelnen Planeten graphisch dargestellt und somit visuell auf einen Blick einsehbar. Zudem sind vor jedem Monat die entsprechenden Ephemeriden gelistet, sodass man den astronomischen Jahresverlauf immer bei sich hat. Der Übertritt der Sonne sowie des Mondes in die einzelnen Zeichen ist direkt an den entsprechenden Tagen im Kalender eingetragen. Möge dieser Kalender Hilfe und Erleichterung sein und all jenen nützen, die rund ums Jahr die planetarischen Einflüsse, denen wir unterworfen sind, im Blick haben möchten, um ihr Gespür auf diese Weise noch mehr zu verfeinern suchen und bisher auf umständliche Methoden der Sternzeitberechnungen zurückgreifen mussten.

Breakable - Zerbrechlich

Der Skandalroman aus Mecklenburg

Dieser Psychokrimi hat in der Region, in der er erschien, für so viel Wirbel gesorgt, dass sogar die Presse in die Geschichte eingestiegen ist. Anfeindungen, Intrigen und Klagen finden nicht nur im, sondern fanden auch um das Buch herum statt. Näheres ist einzulesen auf dem Blog

breakablezerbrechlich.wordpress.com

Klappentext:

Eine Frau aus der Stadt. Ein kleines Dorf. Eine alte Köhlerkate, traumhafte Umgebung und idyllische Umgebung. Nicolas Leben könnte nicht friedlicher sein. Eines Tages begegnet sie einem Bauern aus der Nachbarschaft. Es ist Liebe auf den ersten Blick. Als diese von dem Mann mit der unverwechselbaren Stimme auch noch erwidert wird, scheint ihre Welt perfekt.
Doch Nicolas Glück ist nur von kurzer Dauer. Trug und Lüge lauern hinter jeder Ecke. Gerade als sie beginnt, das Ausmaß des Bösen zu entdecken, tun sich Abgründe auf, in die sie niemals hätte schauen dürfen.

Nach einer wahren Begebenheit.

'In ihrem spannenden Roman voller überraschender Volten und psychologischer Abgründe begegnet der Leser Figuren, die er seit Langem zu kennen glaubt.'

Henrik Leschonski, Lektor

Winston

Eine Pferdebuch-Trilogie für Jugendliche

Da Antonia Katharina selbst viele Jahre als Berufsreiterin tätig war, greift sie hier auf einen langjährigen Erfahrungsschatz zurück und veranschaulicht die Welt der Pferde für jeden Leser so realistisch und wirklichkeitsnah, dass man meint, selbst am Geschehen teilzunehmen. Ein Pferdeleben, wie es authentischer nicht beschrieben werden kann.

Winston Band I

Ein Fohlen erblickt die Welt

'Da steht er nun. Seine Beine sind viel zu lang für seinen kleinen Körper. Er versucht sich mühsam in der Koordination seiner Bewegungen, die anfangs nur bedingt gelingen. Das Fohlen macht seine ersten Gehversuche und stakst dabei durch das Stroh wie ein Storch durch den Salat.
Es ist wackelig auf den Beinen. Das Neugeborene drückt seinen Körper fest an den seiner Mutter, um stehen zu bleiben und nicht umzukippen. Die Stute bleibt regungslos stehen und wartet, schaut ihr Fohlen an und wagt nicht, sich zu bewegen, sondern bietet mit ihrem großen, ausgewachsenen Körper dem Kleinen Stütze und Orientierung.'

Winston Band II

Die große Show

'Ich wünsche mir aus tiefstem Herzen, dass der Ort, an dem ich bin und alles andere mein Leben lang so bleiben wird wie in diesem Sommer. Das alte Gestüt, in all seiner Stille, entwickelte sich zum unvergesslichen Ort meiner Sehnsucht. Hier will ich sein. Hier gehöre ich her. Und in meinen stillen Augenblicken gibt es nichts, was mir fehlt.

Zwar weiß ich, dass es für die Menschen hier darum geht, Geld zu verdienen, Erfolg zu haben, die Pferde ordentlich auszubilden und teuer zu verkaufen. Doch für mich geht es um den Geruch von frischem Stroh, wenn ich morgens in den Stall komme; um das Glück, das mich durchströmt, wenn ich meine Fohlen auf die Weide lasse; um die Sehnsucht in Winstons Augen, um die warme Sommerluft an lauen Abenden und den unendlichen Frieden, der über den Weiden liegt.

So gingen die Tage ins Land. Alles verlief ruhig. Bis zu jenem Tag, als etwas geschah, was diese Stille durchbrach.'

Winston Band III

Nichts ist unmöglich

'Mein Winston. Niemals hätte ich gedacht, dass man so eine tiefe und innige Beziehung zu einem Pferd haben kann. Dass man sich mit einem Tier so gut verstehen, so klar die Gefühle und Gedanken des anderen erfassen kann; und das alles ohne Worte. Ja, dass man ein Zusammengehörigkeitsgefühl entwickeln kann und eine Nähe, wie das bei uns der Fall ist und das manche Menschen mit allen Worten der Welt niemals herzustellen in der Lage sein werden.'